KOR아카데미

외국인 대학원생을 위한 한국어 논문 작성법

최지영, 김신혜, 이지성, 김참이,
고상미, 오지수, 장연분홍, 강영란 지음

외국인 대학원생을 위한
한국어 논문 작성법

발행일 1판 1쇄 2022년 2월 28일

지은이 최지영, 김신혜, 이지성, 김참이, 고상미, 오지수, 장연분홍, 강영란

펴낸이 박민우
기획팀 송인성, 김선명
편집팀 박우진, 김영주, 김정아, 최미라, 전혜련
관리팀 임선희, 정철호, 김성언, 권주련
펴낸곳 (주)도서출판 하우

주소 서울시 중랑구 망우로68길 48
전화 (02)922-7090
팩스 (02)922-7092
홈페이지 http://www.hawoo.co.kr
e-mail hawoo@hawoo.co.kr
등록번호 제475호

값 12,000원
ISBN 979-11-6748-032-3 93710

＊ 이 책의 저자와 (주)도서출판 하우는 모든 자료의 출처 및 저작권을 확인하고 정상적인 절차를 밟아
  사용하였습니다. 일부 누락된 부분이 있을 경우에는 이후 확인 과정을 거쳐 반영하겠습니다.

＊ 이 책은 2020년 교육부 및 한국연구재단 BK21 FOUR(미래인재 양성사업)의 지원을 받아 발간되었습니다

＊ 이 책은 저작권법에 따라 보호받는 저작물이므로 무단 전재와 무단 복제를 금지하며,
  이 책 내용의 전부 또는 일부를 이용하려면 반드시 저작권자와 (주)도서출판 하우의 서면 동의를 받아야 합니다.

KOR아카데미

외국인 대학원생을 위한
한국어 논문 작성법

최지영, 김신혜, 이지성, 김참이,
고상미, 오지수, 장연분홍, 강영란 지음

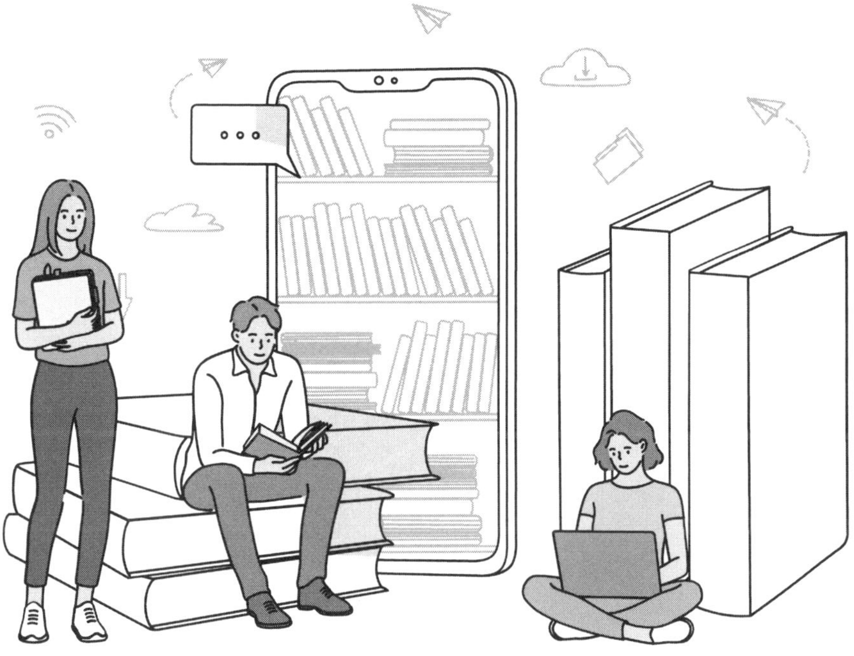

머리말

『외국인 대학원생을 위한 한국어 논문 작성법』은 국내 대학원에 재학 중인 석·박사 유학생들을 위한 한국어 논문 작성 가이드이다. 국내 학위 과정 유학생 수가 증가하면서 대학원 과정 유학생도 빠르게 늘어나고 있으나 이들을 대상으로 한 학문 목적 한국어 교육 프로그램은 부족한 실정이다. 대학원 과정은 학부 과정과 달리 유학생도 학술 보고서나 학위논문을 필수적으로 써야 하므로 논문에 사용되는 격식적인 표현을 알고 논리적으로 글을 쓰는 것이 중요하다. 그러나 유학생들이 논문 작성법을 배울 기회가 많지 않고 참고할 수 있는 교재도 마땅치 않은 상황이다. 이에 전남대학교 BK21 FOUR 지역어문학 기반 창의융합 미래인재 양성 교육연구단에서 운영하는 인문형 C-LAB인 한국어·문화교육 랩 구성원들이 연구와 토론을 통해 이 교재를 발간하게 되었다.

본 교재는 다음과 같이 구성되었다. 먼저 1강에서 학생들이 기본적인 논문의 구조를 알 수 있도록 논문의 개념과 주요 용어, 구성 체제를 설명하였다. 그리고 2강에서는 논문에 필요한 자료를 찾는 방법을 제시하였다. 3강에서는 논문의 글감을 정하고 이를 구체화하여 논지를 어떻게 전개할 것인지를 설명하였으며 4강에서는 구체화한 글감을 바탕으로 논문의 제목, 목차, 주제문을 정할 수 있도록 하였다. 5강과 6강은 논문 전반에서 요구되는 글쓰기 기술인 요약하기와 인용하기를 연습하도록 구성하였다. 이를 바탕으로 7강에서 서론을 쓰고, 8강과 9강에서 본론에 필요한 표현을 연습하면서 단계적으로 논문을 완성해 나가도록 하였다. 마지막으로 10강에서 결론을 쓴 후 소논문 한 편을 마무리할 수 있도록 하였다. 이 교재는 총 10강으로 구성되었지만, 학생들이 작성한 논문에 대한 개별 피드백 과정을 포함한다면 국내 대학원에서 유학생을 대상으로 한 필수 교양 수업의 교재로 사용하기에 무리가 없을 것이다. 또 쉬운 설명과 예시, 연습문제를 포함하여 구성하였으므로 학술 논문 쓰기 수업을 따로 수강할 기회가 없는 유학생들이 독학용 교재로 활용할 수도 있을 것이다.

본 교재를 발간할 수 있도록 지원해 준 교육부와 학술연구재단 BK21 FOUR (미래인재 양성사업) 교육연구단에 감사드린다. 그리고 교재 작성 과정에서 학습 당사자로서 의견을 제시하고 스스로 작성한 논문 자료를 기꺼이 제공해 준 교육연구단 소속 유학생들에게 감사를 전한다. 교재 작성에 귀한 아이디어와 영감을 제공해 준 성균관대학교 학부대학 ISC 과정 선생님들께도 감사드린다. 마지막으로 저작권 문제 해결과 편집에 힘쓴 도서출판 하우의 노고에 심심한 감사를 표한다. 이 교재가 한국어 논문 작성에 어려움을 겪고 있는 대학원 과정 유학생들에게 조금이라도 도움이 되기를 바란다.

2022년 2월
저자 일동

차례

머리말 ... 4

제1강 논문의 구조
1차시 논문의 개념 ... 10
2차시 논문의 주요 용어 ... 15
3차시 소논문의 구성 체제 ... 21

제2강 논문의 자료
1차시 학술 자료의 이해와 검색 ... 26
2차시 학술 자료의 출처 표기 ... 33
3차시 연구 윤리와 유사도 검사 ... 41

제3강 논문의 구상
1차시 논문 쓰기의 절차와 목적 ... 50
2차시 논문의 글감 구체화하기 ... 54
3차시 논문의 전개 방식 ... 58

제4강 논문의 제목과 목차
1차시 논문의 제목 ... 64
2차시 논문의 목차 ... 68
3차시 논문의 주제문 ... 72

제5강 요약하기
1차시 삭제하기와 선택하기 ... 76
2차시 일반화하기와 재구성하기 ... 82
3차시 참고문헌 요약하기 ... 86

제6강 인용하기

- 1차시 인용의 종류 … 90
- 2차시 인용의 방법 … 95
- 3차시 인용과 바꿔 쓰기 … 99

제7강 서론 쓰기

- 1차시 서론의 구조 … 106
- 2차시 서론의 표현 … 110
- 3차시 서론 쓰기 … 119

제8강 본론 쓰기 I

- 1차시 접속 표현 … 122
- 2차시 연구 방법에 따른 표현 … 126
- 3차시 내용 전개에 따른 표현 … 131

제9강 본론 쓰기 II

- 1차시 논증하기 … 138
- 2차시 논리 전개하기 … 142
- 3차시 논문에 어울리는 표현 … 147

제10강 결론 쓰기

- 1차시 결론의 구조 … 154
- 2차시 결론의 표현 … 158
- 3차시 결론 쓰기 … 167

정답 및 논문 목록 … 170

제1강

논문의 구조

1차시 논문의 개념

2차시 논문의 주요 용어

3차시 소논문의 구성 체제

1차시　논문의 개념

준비하기

🏠 다음의 글 중에서 여러분이 대학원에서 써야 하는 학술적인 글은 무엇일까요?

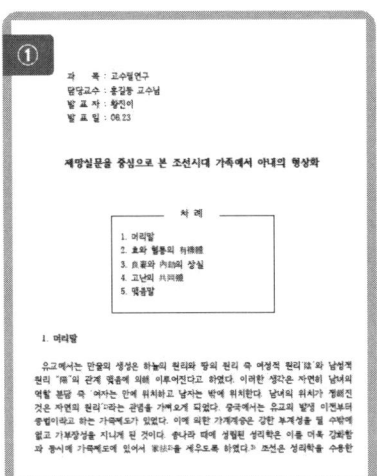

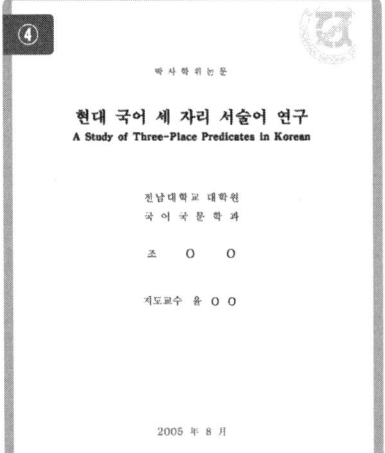

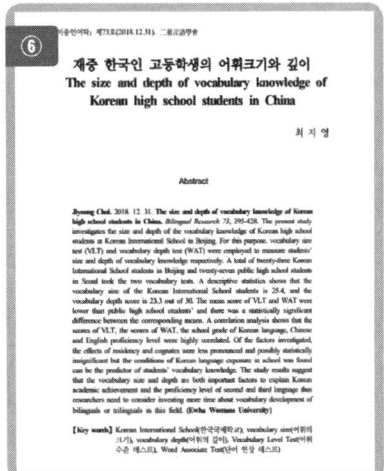

이해하기

학술적 글쓰기(보고서, 논문)의 특징

- ✔ 대학원생이라면 꼭 써야 하는 글이다.
- ✔ 전공 분야에 맞는 주제를 선택해 연구한 후, 연구의 목적과 절차, 결과를 정리하여 발표하는 글이다.
- ✔ 선행연구를 바탕으로 어떤 주제나 논점에 대한 필자의 생각과 의견을 객관적으로 기술하는 글이다.
- ✔ 논문을 쓸 때는 내가 논의하려는 주제를 다른 연구자가 어떻게 다루었는지를 살펴본 후 동의나 반박을 하고, 내 논문이 다른 연구와 어떻게 다른지를 논의해야 한다.
- ✔ 논문에서는 신뢰성을 인정받은 자료나 선행연구를 인용하고 모든 자료의 출처를 분명하게 밝혀야 한다.
- ✔ 논문은 학문적 독자를 대상으로 쓰는 글이므로 전공 분야의 선행연구를 참고하여 작성한다.

학술적 글쓰기(보고서, 논문)의 종류

1) 기말 보고서

대학원 수업에서는 학기 말에 수업과 관련한 개별 연구를 진행하고 보고서를 작성해서 제출해야 한다. 전공이나 과목에 따라 약간의 차이가 있을 수 있지만 대체로 10장 내외의 소논문을 완결된 형식으로 작성하여 제출한다.

2) 실험 보고서

이공계 대학원생의 경우 소속된 랩(LAB)에서 실험을 진행하고 실험 보고서를 작성해야 한다. 실험 보고서는 제목과 실험자, 날짜, 실험 목적 및 내용, 관련 이론 및 실험 방법, 실험 결과, 결론 및 고찰, 참고문헌의 순으로 작성한다.

3) 소논문(학술지 논문)

대학원에서 공부하는 대학원생이나 수료생의 경우 연구 내용을 소논문으로 작성하여 공신력 있는 학술지에 투고하기도 한다. 학술지에서 공정한 심사를 거쳐 게재되는 논문은 개인의 연구 성과로 인정받을 수 있다. 일반적으로 소논문은 20장 이내의 분량으로 작성하는데 학술지마다 요구하는 논문의 투고 규정과 편집 형식이 다르므로 학회 홈페이지 등에서 투고 규정을 확인해야 한다.

4) 학위논문

대학원을 졸업하기 위해서는 학위논문을 써야 한다. 대학원의 성격이나 전공에 따라 포트폴리오 등으로 대체하기도 하지만, 대부분의 전공에서는 학위논문을 써야 졸업을 할 수 있다. 논문의 분량은 전공 분야나 논문의 주제에 따라 다르지만 대체로 석사학위논문의 분량은 40-60쪽이고 박사학위논문의 분량은 150-200쪽 정도이다. 학교마다 요구하는 학위논문의 양식이 다르므로 도서관 홈페이지 등에서 학위논문 작성 서식을 내려받아 작성 지침을 확인하는 것이 좋다.

> 연습하기

1. 여러분은 한국어로 보고서나 논문을 써 본 경험이 있습니까?

　　☐ 있다　　　　☐ 없다

2. 여러분은 평소 쓰기에 대해 어떤 생각을 가지고 있습니까?

　　☐ 나는 글쓰기를 (좋아한다/싫어한다).
　　☐ 나는 논문으로 써 보고 싶은 주제가 (있다/없다).
　　☐ 내가 쓴 논문을 다른 사람에게 평가받기가 (두렵다/두렵지 않다).
　　☐ 내 생각을 논문으로 분명하게 표현하는 것에 (자신이 있다/자신이 없다).
　　☐ 교수님이 수업 중에 내가 쓴 글을 언급하면 (기분이 좋다/기분이 좋지 않다).
　　☐ 내가 쓴 논문을 다른 사람들이 읽고 비웃을까 봐 (걱정된다/걱정되지 않는다).
　　☐ 나는 글을 쓸 때 한국어 문법이나 표현이 틀릴까 봐 (걱정된다/걱정되지 않는다).

3. 친구들과 함께 논문 쓰기에 대한 생각과 경험을 공유해 보십시오. 다른 친구들은 쓰기에서 어떤 어려움을 겪고 있는지 들어보고 이것을 어떻게 극복할 수 있을지 함께 이야기해 봅시다.

> **활용하기**

🏛 우리는 이번 학기 수업을 통해 15쪽 내외의 소논문을 작성하려고 합니다. 즐겁고 편안한 마음으로 수업에 참여할 수 있도록 함께 규칙을 정해 봅시다. 같이 수업을 듣는 친구들이 가져야 할 마음가짐과 교수님께 부탁하고 싶은 것을 구분해서 정리해 보십시오.

수업을 듣는 우리의 마음가짐	교수님께 부탁하고 싶은 것
예 우리는 모두 외국인이므로 문법이나 표현 실수는 당연합니다. 우리는 다른 친구가 실수하더라도 절대 비웃지 않겠습니다.	

2차시 논문의 주요 용어

준비하기

다음은 논문의 주요 용어를 정리한 것입니다. 아래에서 아는 표현을 찾아 보십시오.

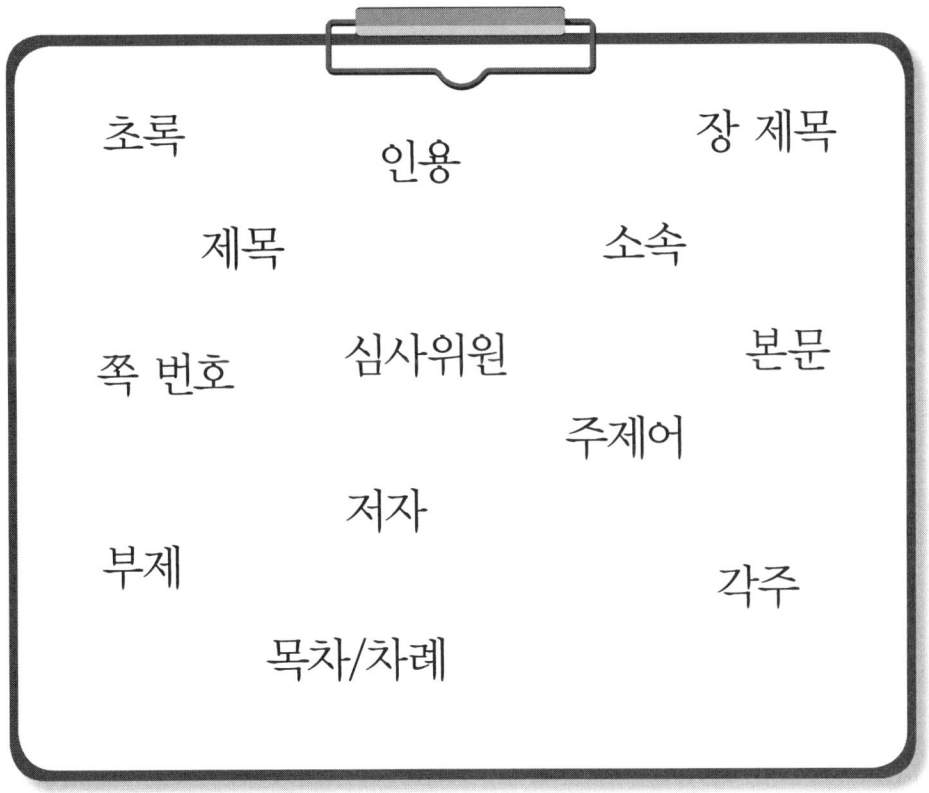

> 이해하기

학위논문	소논문(학술지 논문)
• 석사학위나 박사학위를 취득하기 위해 쓰는 논문 • 약 100-400쪽	• 학문의 방법, 이론, 발전 방향 등에 관해 연구한 결과를 발표한 글 • 약 20-40쪽

논문 관련 용어

1) 기말 보고서

- ✔ 제목: 논문을 대표하는 내용을 담은 이름
- ✔ 부제: 제목을 보충하는 이름
- ✔ 저자: 해당 논문을 쓴 사람
- ✔ 소속: 저자가 다니는 학교나 기관
- ✔ 제출 날짜: 해당 논문을 제출한 날짜

2) 인준서

- ✔ 지도교수: 학생의 학교생활 전반이나 논문에 대한 지도 등을 맡는 교수
- ✔ 심사위원: 논문의 합격 및 통과 여부 등을 가리기 위해 자세히 조사하고 살피는 일을 맡은 사람. 석사학위논문 3명, 박사학위논문 5명

3) 내용

- ✔ 목차/차례: 글의 순서
- ✔ 초록: 논문의 핵심적인 내용을 요약한 글

- ☑ **주제어**: 해당 논문의 중심 생각을 나타내는 단어나 구
- ☑ **장 제목**: 장은 글의 내용을 체계적으로 구분하는 단위로 장 → 절 → 편의 순서로 하위 제목 생성
- ☑ **본문**: 논문에서 주가 되는 글
- ☑ **각주**: 본문의 어떤 부분의 뜻을 보충하거나 풀이한 글을 본문 아래쪽에 따로 단 것
- ☑ **참고문헌**: 논문 작성을 위해 참고한 책이나 논문. 각주에 표기하기도 하나 보통은 논문의 마지막 부분에 참고문헌의 서지사항을 일정한 순서로 목록화하여 제시

연습하기

1. 다음을 보고 학위논문 관련 주요 용어와 해당 부분을 연결해 보십시오.

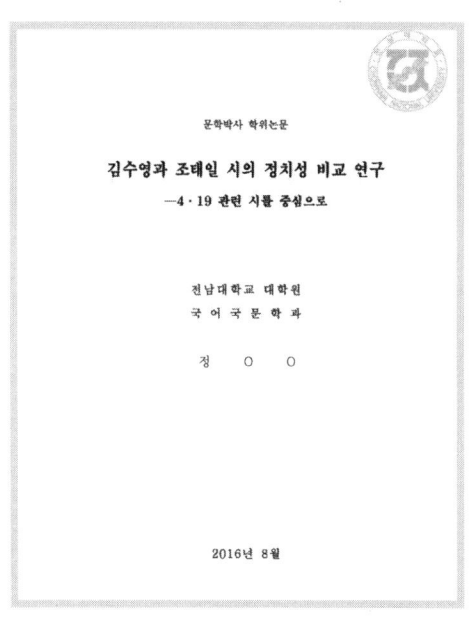
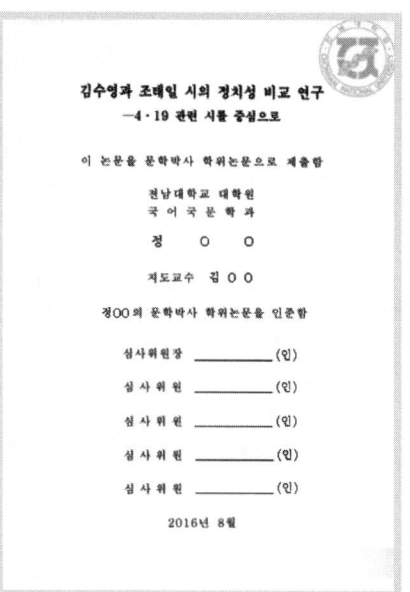

2. 다음을 보고 소논문 관련 주요 용어와 해당 부분을 연결해 보십시오.

제목   부제   저자   목차/차례   초록   소속

학술지 이름/권(호)   주제어   장 제목   본문   각주(번호)   각주(내용)   쪽 번호

활용하기

🏠 다음에 제시된 RISS 사이트 검색 결과 목록을 보고 석사학위논문 1편, 박사학위논문 1편을 골라 다음 표를 완성해 보십시오.

```
검색결과 좁혀 보기              검색키워드  현대시 (검색결과 13,533 건)

좁혀본 항목  ⟲ 선택해제         □ │ 내보내기 │ 내서재담기 │ 한글로보기

좁혀본 항목 보기순서           □   1  현대시를 활용한 한국어 교재 구성 연구
 검색량순   가나다순                   송선주 │ 동신대학교 │ 2017 │ 국내박사
                                     원문보기   목차검색조회 ▼   음성듣기

원문유무              ▲
 □ 원문있음 (12370)          □   2  현대시 환유 표현에 대한 문학교육적 연구
 □ 원문없음 (1163)                    이윤희 │ 한양대학교 대학원 │ 2018 │ 국내석사
                                     원문보기   음성듣기
음성지원유무          ▲
 □ 음성 지원 (8928)
                              □   3  현대시조의 미의식 연구
학위유형              ▲               이광년 │ 세종대학교 대학원 │ 2011 │ 국내박사
 □ 국내석사 (10992)                   원문보기   목차검색조회 ▼   음성듣기
 □ 국내박사 (2404)
 □ 해외박사 (136)             □   4  시 창작 과정에서 현대시 운율 지도 방안 연구
 □ 해외석사 (1)                       조희 │ 서울교육대학교 교육전문대학원 │ 2019 │ 국내석사
                                     원문보기   목차검색조회 ▼   음성듣기
수여기관              ▲
 □ 이화여자대학교 (1057)
```

구분	저자	발행 연도	논문 제목	학위 수여 기관
석사 학위 논문				
박사 학위 논문				

3차시 소논문의 구성 체제

준비하기

논문의 구성 체제

- ☑ 서론: 논문이 시작되는 부분
- ☑ 본론: 논문의 내용이 본격적으로 시작되는 부분
  본론의 장 제목은 해당 내용을 압축해서 보여줄 수 있도록 짓는 것이 좋음
- ☑ 결론: 논문을 마무리 짓는 부분

이해하기

🏛 다음은 서론과 결론을 나타내는 여러 표현입니다. 서로 같은 뜻을 갖는 표현끼리 연결해 보십시오.

서론	·	·	들어가기
		·	맺음말
		·	머리말
		·	들어가며
		·	도입
결론	·	·	나오기
		·	마치며
		·	마무리

연습하기

1. 다음에 제시된 다양한 목차/차례들을 보고 소논문의 서론, 본론, 결론에 해당하는 부분을 찾아 표시해 보십시오.

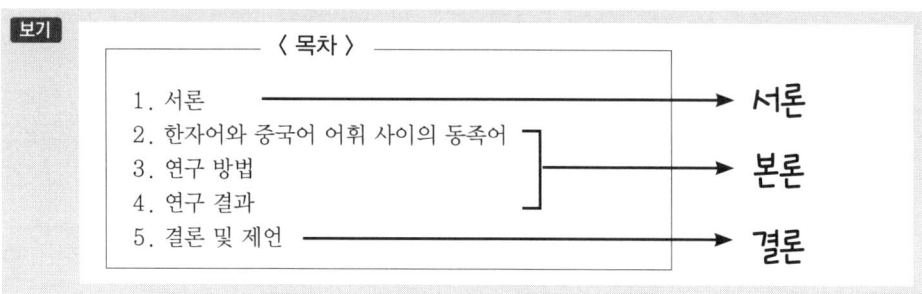

1)
- 목 차 -
Ⅰ. 들어가는 말: 풍속(風俗)의 한 장면을 탐문하기
Ⅱ. 가족주의의 모순과 '아버지'라는 표상
Ⅲ. 가족주의의 극복과 '출가(出家)'의 의미
Ⅳ. 나오는 말: 생(生)과 사(死)를 겹쳐보기

2)
《차 례》
1. 들어가며
2. 안동하회별신굿 탈놀이의 전승과 가치
3. 안동하회별신굿 탈놀이의 콘텐츠로의 전환
4. 안동하회별신굿 탈놀이의 지역 정체성 획득과 안동국제탈춤페스티벌의 연계
5. 맺음말

3)
Ⅰ. 잡지와 문학
Ⅱ. 경쟁하는 잡지들, 특화되는 문학(其一)
  -『비판』의 전반기의 경우
Ⅲ. 경쟁하는 잡지들, 특화되는 문학(其二)
  -『비판』의 후반기의 경우
Ⅳ. 결론을 대신하여
  -경쟁하는 잡지들이 만든 문학

4)
〈목 차〉
Ⅰ. 문제제기
Ⅱ. 애정 실현의 주체와 대상의 재조명
Ⅲ. 애정 실현의 열린 가능성
Ⅳ. 주생의 개인적 욕망 추구의 긍정
Ⅴ. 결론

2. 다음은 소논문의 일부입니다. 전체적인 논문의 구성 체제를 살펴본 후 어떤 순서로 작성되었는지 써 보십시오.

저자   결론   목차(차례)   제목   서론   초록   참고문헌   본론

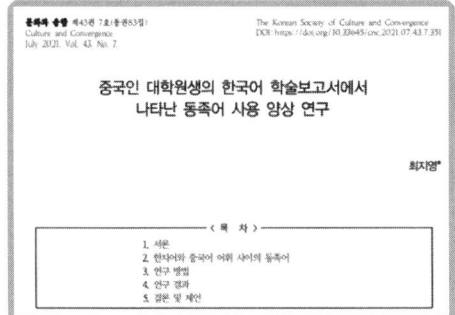

> 활용하기

🏛 RISS 사이트에서 학술지 논문을 한 편 찾아서 다음의 질문에 답하십시오.

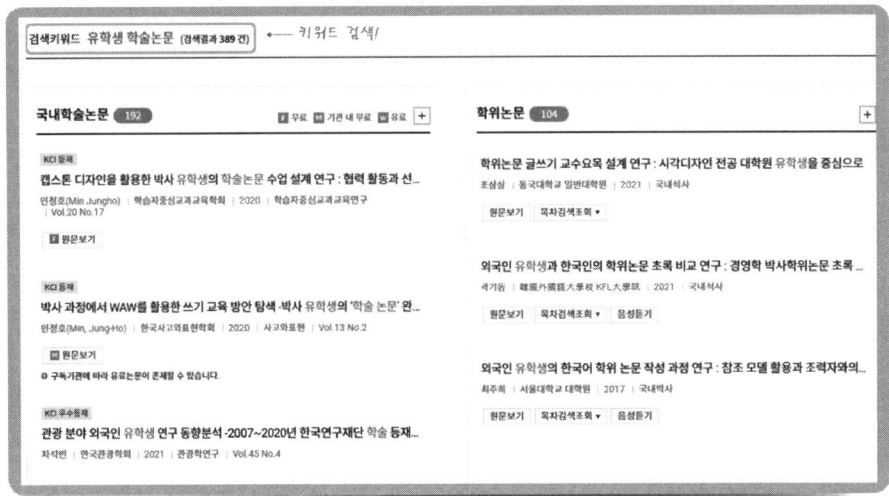

1) 논문의 제목은 무엇입니까?

2) 논문의 발행 기관은 어디입니까?

3) 논문의 전체 분량은 얼마나 됩니까?

4) 논문의 목차는 몇 장으로 이루어져 있습니까?

5) 논문은 어떤 순서로 구성되어 있습니까?

제2강

논문의 자료

1차시 학술 자료의 이해와 검색

2차시 학술 자료의 출처 표기

3차시 연구 윤리와 유사도 검사

1차시 학술 자료의 이해와 검색

준비하기

🏛 다음 중 학술 논문의 자료로 쓸 수 있는 것은 무엇입니까? 사용할 수 없다면 그 이유는 무엇입니까?

① 인터넷 백과사전

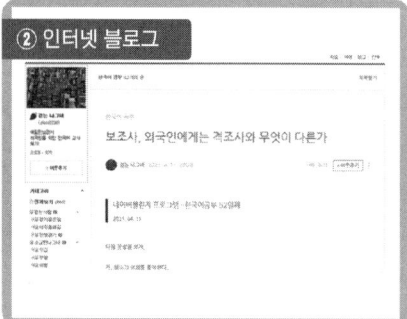

② 인터넷 블로그

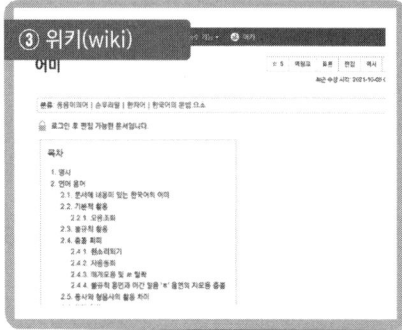

③ 위키(wiki)

④ 단행본

⑤ 신문 기사

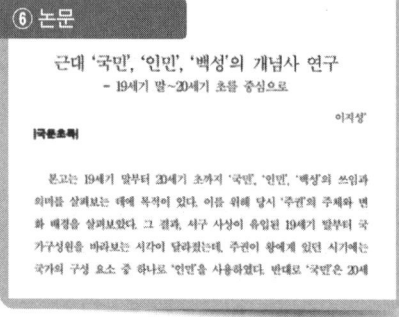

⑥ 논문

> 이해하기

학술 자료의 종류

- ✔ 학술지 논문
- ✔ 학위논문
- ✔ 단행본
- ✔ 공공기관(국립국어원, 통계청 등)의 연구 자료
- ✔ 국어사전 및 백과사전

학술 자료의 조건

- ✔ 출처가 명확해야 한다.
- ✔ 내용이 객관적이어야 한다.
- ✔ 대표성을 가지는 내용이어야 한다.
- ✔ 자료의 출처가 믿을 수 있는 곳이어야 한다.

학술 논문 찾는 방법 – 전자 학술 자료 검색 사이트에서 찾는 법 ①

1) 전자 학술 자료 검색 사이트(RISS, KCI 등)에서 원하는 키워드로 논문을 검색한다.

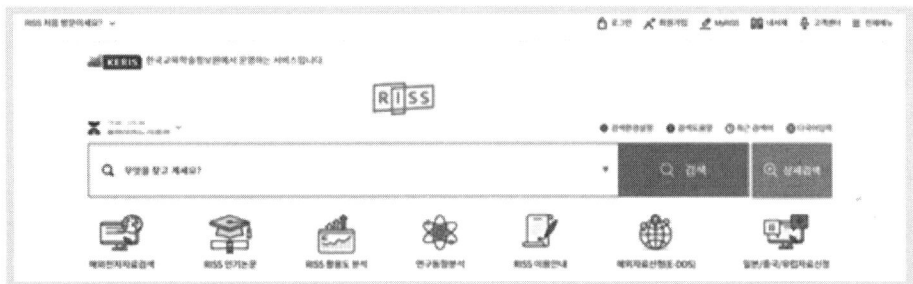

2) 검색된 자료 중에서 필요한 자료의 종류를 선택한다.

3) 검색된 논문 목록에서 [원문보기]를 누르거나 원하는 자료를 클릭하여 [원문보기]를 누른다.

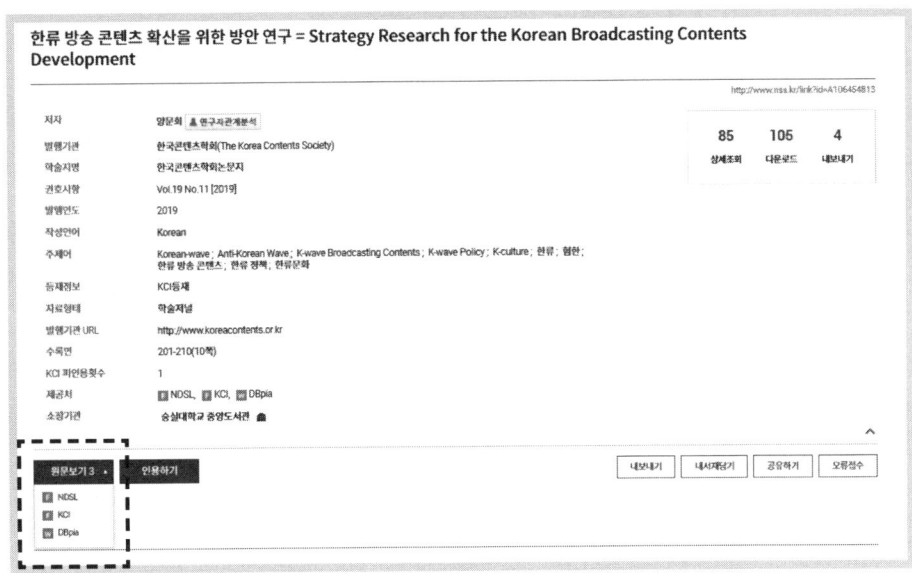

4) 논문을 내려받을 수 있는 사이트로 이동하여 [원문 내려받기]나 [다운로드]를 클릭한다.

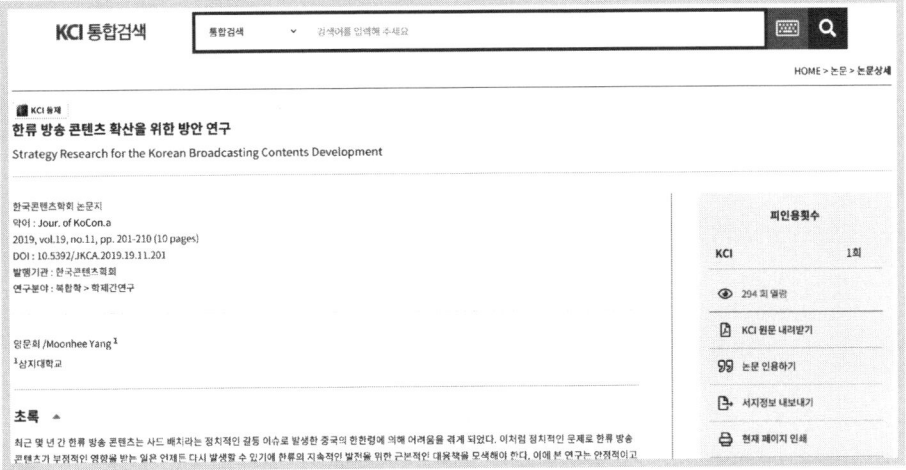

학술 논문 찾는 방법 - 전자 학술 자료 검색 사이트에서 찾는 법 ②

1) 학교 도서관 사이트에서 논문 제목을 검색하거나 [국내 학술 DB]에서 학회지 사이트를 클릭하여 해당 홈페이지로 이동한다.

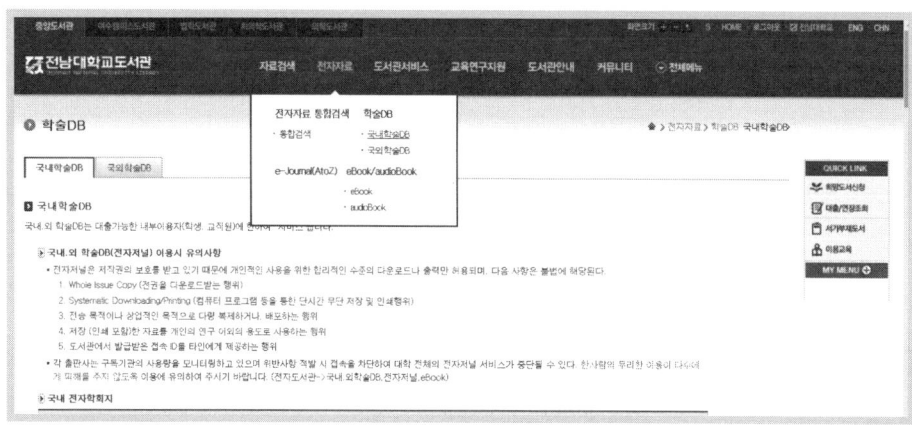

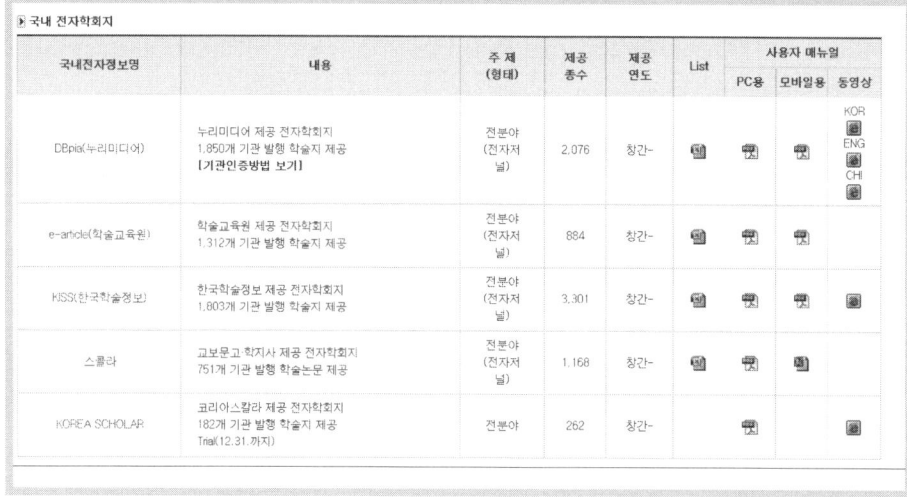

2) 학교 도서관 사이트에서 검색한 경우 [전자자료 검색] 부분에서 학술지 논문이나 학위논문을 찾을 수 있다.

> **TIP** 등록된 대학의 도서관 홈페이지에서 로그인 후 RISS로 넘어가면 자료를 무료로 볼 수 있다.

연습하기

1. 다음 중 학술 자료로 쓸 수 있는 것은 무엇입니까?

① 신문 기사　　　　② 백과사전
③ 블로그 내용　　　④ 학술지 논문
⑤ 기관 연구 자료　　⑥ 출처를 모르는 글

2. 학술 자료를 찾을 때의 올바른 태도는 무엇입니까?

① 객관적인 자료를 찾는다.
② 출처가 명확한 자료를 찾는다.
③ 인용이 많이 되어 있는 논문을 찾는다.
④ 자신의 연구 주제와 다른 의견이 들어 있는 자료는 무시한다.
⑤ 신문이나 칼럼은 전문가가 썼기 때문에 고민 없이 선택해도 괜찮다.

활용하기

🏠 다음의 순서에 따라 논문을 찾아보십시오.

1) '한류'를 키워드로 했을 때 가장 처음 검색되는 국내 학술 논문은 무엇입니까?

2) 검색 키워드에 '중국'을 추가해서 '결과 내 재검색'을 했을 때 가장 먼저 나오는 논문은 무엇입니까?

3) 논문 검색 결과 원문이 있는 자료는 몇 편입니까?

4) 원문이 있는 자료 중 KCI에 등재된 논문은 몇 편입니까?

5) KCI에 등재된 논문 중 가장 최근에 발행한 논문은 무엇입니까?

2차시 학술 자료의 출처 표기

> 준비하기

1. 다음 그림은 학술 자료에 사용된 각주입니다. 각주는 왜 사용합니까?

> 최근 고소설의 권선징악 문제와 관련해 많은 연구자들이 관심을 갖고 논의를 진행하였다.⁹⁾ 이 중에서 특히 권선징악 개념이 플롯 개념과 텍스트 효과의 개념으로 모호하게 혼용되고 있음을 지적하고 유가적 심성론과 권선징악의 관계를 살피며, 이에 따라 악의 종류를 '도덕적 악'과 '자연적 악'으로 분류하여 논의를 전개한 연구가 주목할 만하다.¹⁰⁾ 이 논의에서는 전기소설과 몽유록에 나타나는 세계의 횡포를 '자연적 악'의 관점에서 이해할 수 있으며, 이와 같은 악이 일반적으
>
> ───────────
> 9) 이러한 논의의 결과는 『고전소설과 권선징악』(화경고전문학연구회 편, 단국대학교 출판부, 2013)으로 엮어져 해당 주제의 이해에 많은 도움이 되고 있다.
> 10) 조현우(2007), 「고소설의 악과 악인 형상에 대한 문화사적 접근」, <우리말글> 41, 우리말글학회, pp.191~216.

2. 다음은 학술지 논문의 참고문헌입니다. 참고문헌에는 어떤 정보가 들어있습니까?

> **참고문헌**
>
> 강상순(2011), 「운영전의 인간학과 그 정신사적 의미」, <고전문학연구> 39, 한국고전문학회, pp.125~160.
> 강재철(2012), 『권선징악 이론의 전통과 고소설의 비평적 성찰』, 단국대출판부.
> 김용기(2017), 「사씨남정기에 나타난 인물 고찰」, 『온지학회 2017년도 학술대회 발표 자료집 : 고전에 나타난 악인의 형상』, 온지학회, pp.59~78.
> 김정숙(2010), 「운영전과 동선기 속 악인 탄생의 의미」, <한문고전연구> 21, 한국한문고전학회, pp.221~242.
> 김종식(2004), 「칸트와 악의 문제」, <대동철학> 28, 대동철학회, pp.1~25.
> 김 호(2007), 「조선후기적 조건의 탄생과 성즉리의 균열」, <인문과학연구> 12, 카톨릭대 인문과학연구소, pp.27~50.

> 이해하기

출처 표기 방법

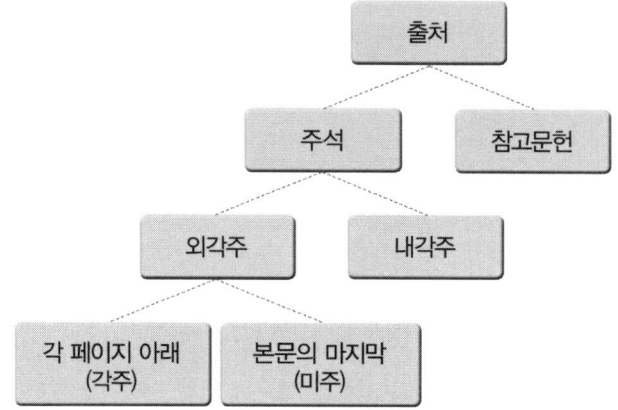

- ✓ '주석'은 논문에서 필자가 자신의 주장을 뒷받침하기 위해 사용하는 것으로 본문에 사용된 용어 및 내용을 보충 설명하거나 인용문의 출처를 밝힐 때 쓴다.
- ✓ '참고문헌'은 논문에서 인용하거나 참고한 논저를 목록으로 정리한 것으로 주석에서 이미 출처를 밝혔더라도 반드시 참고문헌에 다시 기록해야 한다.
- ✓ 인용 출처가 미흡할 경우 표절로 간주되기 때문에 반드시 인용 표시를 해야 한다.

출처 표기 방법

- ✓ 내각주: 본문에 함께 쓰는 것

> **홍길동(2020)에 따르면** 한국 예능의 콘텐츠가 가장 큰 인기 요인으로 밝혀졌다. 그러나 이에 대해 다른 시각**(심청, 2020)**도 있는데, …

☑ 외각주: 페이지 아래나 논문 뒤에 따로 제시하는 것

> 한국 예능의 콘텐츠가 가장 큰 인기 요인으로 밝혀졌다.[1]
> _____
> 1) 홍길동(2022), 「한류 콘텐츠를 활용한 한국어 어휘 교육 방안」, 『어문논총』 22권, 111쪽.

외각주 넣는 방법

1) 각주를 넣고 싶은 곳에 마우스를 놓는다.

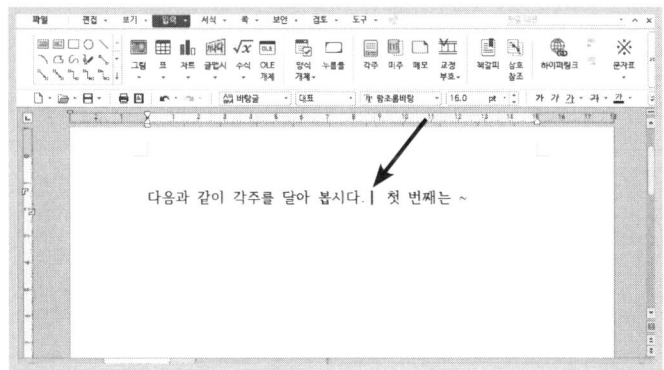

2) [입력] → [주석] → [각주]를 선택한다.

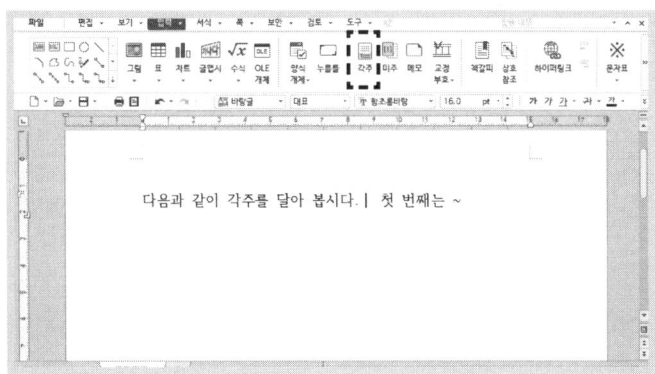

3) 각주를 넣고 싶은 부분에 '1)'이 나타나면 페이지 밑에 내용을 쓴다.

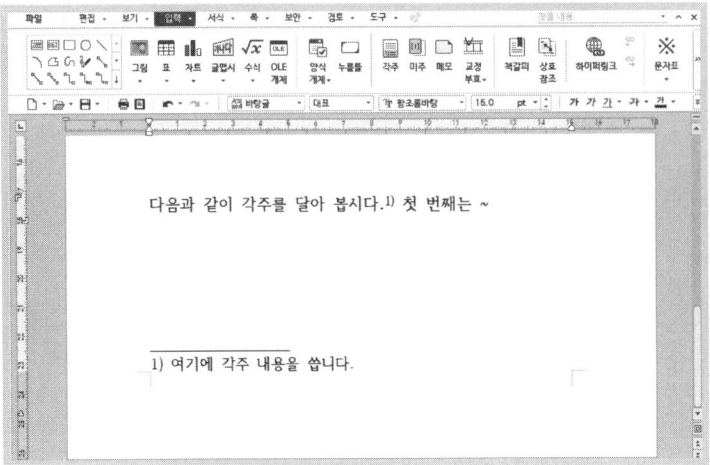

참고문헌 작성법

☑ **학위논문**

저자, 연도, 제목, 학교명, 학위명

> 홍길동(2006), 「한류 콘텐츠를 활용한 한국어 어휘 교육 방안」, 전남대학교 석사학위논문.
> 황진이(2010), 「중국인 한국어 학습자를 위한 한국어 어휘 교육 방안 -한국 예능을 중심으로-」, 전남대학교 박사학위논문.

☑ **학술지 논문**

저자명, 게재 연도, 제목, 학술지, 학술지 권호, 발행기관, 수록 페이지

> 홍길동(2021), 「한류 콘텐츠를 활용한 한국어 어휘 교육 방안」, 『어문논총』 22권, 전남대학교 언어연구소, 111-134쪽.
> Cruse, D. A.(1982), On Lexical Ambiguity, *Nottingham Linguistics Circular*, 11(2), pp.65-80.

☑ **단행본**

저자, 발행 연도, 책 제목, 출판지역, 출판사

> 홍길동(2021), 『한국어 문법론』, 서울: 박이정.
> Palmer, F. R.(1981), *Semantics*, *Cambridge*: Cambridge University Press.

☑ **번역본**

저자, 발행 연도, 책 제목, 엮은이/옮긴이, 출판사

> Arendt, Hannah. 김선욱 옮김, 『칸트 정치철학 강의』, 푸른숲, 2002.

> Arendt, H. (2002), 『칸트 정치철학 강의』 (김선욱 옮김), 서울: 푸른숲(1989).

☑ **DB 자료**

DB 자료명, URL

> 표준국어대사전(https://stdict.korean.go.kr)
> 세종한글고전(http://db.sejongkorea.org)

☑ **신문 기사나 칼럼**

기사 제목, 신문사, 기사 날짜, 접속 날짜, URL

> "인사동서 가장 오래된 한글 활자도 나와", 전대 뉴스, 2021. 6. 29. 송고, 2021. 7. 4. 접속. (https://www.jnews.co.kr/view)

> 이지성, 「한류는 1500년 전부터 시작되었다」, 『전대 일보』, 2006. 2. 10., 11면.

참고문헌을 적을 때 주의사항

- ☑ 투고 학회나 전공에 따라 참고문헌 제시 방법이 다르므로 사전에 확인한 후, 형식에 맞게 쓴다.
- ☑ 참고문헌은 저자 이름을 기준으로 가나다/ABC 순으로 적는다.
- ☑ 저자 이름에 직함은 쓰지 않는다.
- ☑ 저자가 두 명 이상일 경우, '·'를 이름 사이에 첨가하여 '홍길동·심청(2001)'으로 적고, 세 명 이상일 경우에는 '홍길동 외(2001)'로 적는다.
- ☑ 저자가 한 해에 논문을 여러 편 게재한 경우, 연도 뒤에 게재일 순서대로 '홍길동(2020a)', '홍길동(2020b)', '홍길동(2020c)' 등을 표시하고 순서대로 적는다.
- ☑ 학술지명이나 책 제목은 『 』를 사용하고 논문 제목은 「 」나 " "를 사용한다.
- ☑ 다른 언어로 된 자료를 적을 때는 한국 자료, 동양 자료, 서양 자료 순서로 적는다.
- ☑ 신문 기사나 DB를 제시할 때에는 검색 날짜를 함께 써야 한다.
- ☑ 학술지 페이지는 숫자만 제시해도 되고, 'pp.'나 '쪽'을 함께 써도 된다.
- ☑ 각 참고문헌의 마지막에는 마침표를 찍는다.

> 연습하기

🏛 다음 참고문헌 목록을 보고 물음에 답하십시오.

> 이관규 외(2021), 『체계기능언어학 개관』, 서울: 사회평론아카데미.
> 이금희(2021), 「한국어 학술 논문에 나타난 헤지(Hedge) 표현의 담화 전략에 따른 유형 분류 연구」, 『반교어문연구』 57호, 반교어문학회, 45-71쪽.
> 이보라미(2009), 「한국어 학습자의 장르 격식성에 따른 쓰기 양상 연구」, 이화여자대학교 석사학위논문.
> 이윤진(2017), 『(소논문 읽기로 알아보는) 한국어 논문 쓰기』, 서울: 한국문화사.
> 이제영·이혜진(2021), 「컴퓨터 공학 분야 영어 학술 논문의 전문 어휘 분석: 코퍼스 기반 연구」, 『언어연구』 36권 4호, 한국현대언어학회, 487-497쪽.
> 임인재·김신영(2008), 『(교육 심리 사회 연구를 위한) 논문작성법』, 서울: 서울대학교출판부.
> 전영옥·남길임(2005), 「구어와 문어의 접속 표현 비교 연구 -"그런데, -는데"를 중심으로」, 『한말연구』 17호, 한말연구학회, 169-194쪽.
> 정여훈(2009), 「한국어 학습자 작문에 나타난 문체(Style) 오류에 대하여 -중급 수준의 영어 모어 한국어 학습자를 대상으로」, 『외국어로서의 한국어교육』 34권, 연세대학교 언어연구교육원 한국어학당, 443-463쪽.
> Achugar, M., Schleppegrell, M. J. (2005), Beyond connectors: The construction of cause in history textbooks, *Linguistics and Education*, 16(3), pp. 298-318.
> Biber, D. (1999), *Longman grammar of spoken and written English*, New York: Longman.
> Lee, S. (2001), *A Contrastive Rhetoric Study of Korean and English Research Paper Introductions*, The Graduate College of the University of Illinois.

1) 참고문헌 중 학술지 논문은 모두 몇 편입니까?

2) 참고문헌 중 학위논문은 모두 몇 편입니까?

3) 참고문헌 중 단행본은 모두 몇 권입니까?

활용하기

🏛 다음 자료를 참고문헌 형식에 맞게 써 보십시오.

〈단행본〉
홍길동, 의미론, 서울, 1999, 박이정

〈학위논문〉
홍길동, 한국 드라마에 나타난 성차별 언어, 전남대학교 석사학위논문, 2021

〈학술지 논문〉
2021, 한국어문화학회, 한국 드라마에 나타난 성차별 언어, 21호, 51-79쪽, 홍길동, 어문논총

3차시 연구 윤리와 유사도 검사

> 준비하기

1. 다음은 **연구 윤리**에 관한 내용입니다. 맞는 것에 O, 틀린 것에 X를 표시해 보십시오.

    ① 같은 논문은 두 군데에 게재할 수 있다. (O / X)

    ② 피실험자의 정보를 밝힐 때는 이름까지 밝혀야 한다. (O / X)

    ③ 설문 조사를 할 때, 설문 대상에게 설문 목적을 알려줘야 한다. (O / X)

    ④ 설문 조사 결과가 예상 결과와 다를 때, 도움이 되지 않는 결과는 삭제해도 된다. (O / X)

    ⑤ 설문 조사의 결과가 본인의 주장과 반대로 나타난다면 논문에서 언급하지 않아도 된다. (O / X)

    ⑥ 검색 사이트의 사진이나 그림은 모두 볼 수 있기 때문에 논문에 첨부할 때 따로 허락을 받을 필요가 없다. (O / X)

    ⑦ 설문 조사 내용에 맞는 참여자를 구하기 어려워서 10명을 대상으로 설문 조사를 하고 50명이라고 썼다. (O / X)

2. 다음은 **글쓰기 윤리**에 관한 내용입니다. 맞는 것에 O, 틀린 것에 X를 표시해 보십시오.

    ① 참고는 하지 않았지만 논문의 주제가 비슷하다면 참고문헌에 넣어도 된다. (O / X)

    ② 어디서 인용했는지 기억이 안 날 때는 '자료에 따르면'이라고 써도 된다. (O / X)

    ③ 공공기관의 자료(통계청 그래프, 표준국어대사전 등)는 출처를 밝히지 않아도 된다. (O / X)

④ 논문 작성 과정에서 다른 사람에게 얻은 아이디어나 의견은 따로 출처를 명시하지 않아도 된다. (O / X)

⑤ 다른 논문에서 언급한 자료의 원본을 찾을 수 없어서 재인용하였다. 이때 원본 자료의 출처도 함께 밝혀야 한다. (O / X)

이해하기

연구 윤리

- ☑ 연구자의 양심을 지켜야 한다.
- ☑ 피실험자의 개인정보를 보호해야 한다.
- ☑ 생명을 함부로 다루지 말아야 한다.
- ☑ 조사 결과를 조작하지 말아야 한다.

글쓰기 윤리

- ☑ 다른 사람의 저작물을 표절해서는 안 된다.
- ☑ 참고문헌의 출처는 반드시 표시해야 한다.
- ☑ 논문에서 인용한 자료는 모두 밝히고, 논문에서 인용하지 않은 자료는 참고문헌에 포함하지 않는다.

연구 윤리의 중요성

> **oo 대학교, XX 씨 논문표절 의혹… 학위 취소 가능성**
>
> OO대 관계자는 본인이 이미 논문 표절을 인정했기 때문에 대학 본부의 조사와 검토를 거쳐 XX 씨의 석사학위 취소 여부를 결정하게 될 것이라고 밝혔다. …
>
> 〈△△일보〉

> **OO대 병원, 난치병 피실험자 정보 유출, 연구 윤리 위배 논란**
>
> 최근 OO대 병원 K 의사는 난치병 치료를 위한 약물 개발 중 피실험자의 개인정보를 유출한 혐의를 받고 있다. 해당 의사는 2020년 9월에 발표한 논문에서 피실험자의 이름, 나이, 주소 등의 개인정보를 삭제하지 않고 공개하였다.
>
> …
>
> 이로 인해 논문 게재 취소는 물론, 피실험자에 대한 손해배상도 불가피해 보인다.
>
> 〈XX 일보〉

> **단순 기초 작업만으로 논문 저자 등재, 연구 윤리 논란**
>
> 교육부는 요약문 작성이나 참고문헌 조사에 참여한 미성년 자녀를 논문 저자로 올린 행위가 연구 부정에 해당한다고 판단했다. 영문 번역, 자료 정리 등을 담당한 것 역시 연구에 참여했다고 볼 수 없다는 입장이다. … 또한 연구에 참여했다고 하더라도 연구 노트 등을 근거로 자녀의 기여도를 입증할 수 없는 경우 역시 연구 부정 행위로 판정된다.
>
> 〈ㅁㅁ 일보〉

- ☑ 학위가 취소될 수 있다.
- ☑ 연구 자료로 인정을 받을 수 없다.
- ☑ 표절이 발각되면 법적 처벌을 받을 수 있다.

논문 유사도 검사 방법 ① TURN IT IN(https://www.turnitin.com/ko)

1) 학교 이메일 계정으로 TURN IT IN에 회원가입을 한다. 학교 클래스 ID와 등록키는 도서관 홈페이지에서 확인할 수 있다.

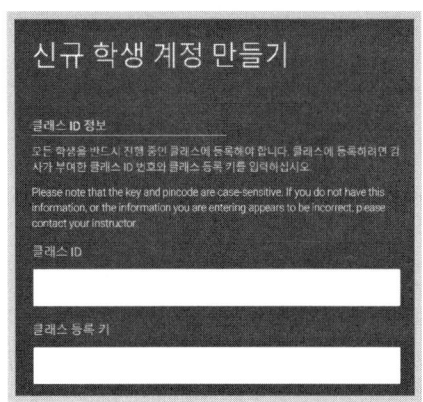

2) 클래스 명에서 [학교명(2021)]을 클릭한다. 그리고 [제출]을 눌러 파일을 올린다.

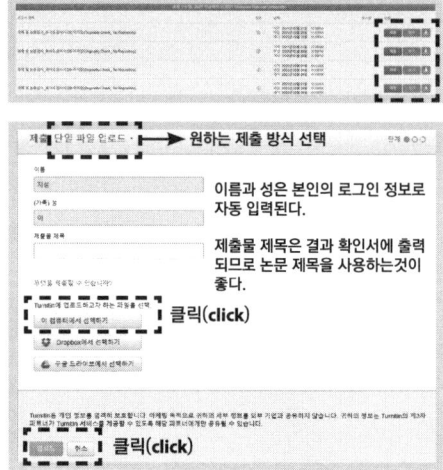

3) 미리 보기를 통해 업로드된 파일을 확인하고 [확인]을 누른다. 그리고 [과제 수신함으로 돌아가기]를 클릭한다.

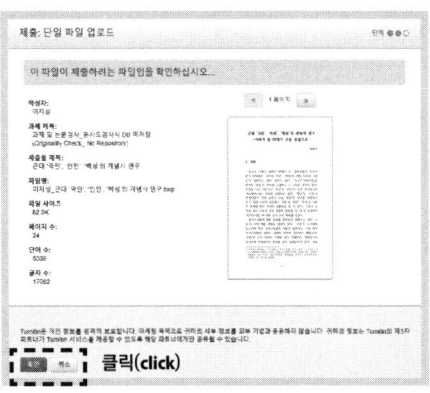

4) 유사도 검사가 완료되면 [현재 보기]를 클릭하여 상세내용을 확인할 수 있다. 그리고 [디지털 수령증]을 내려받을 수 있다.

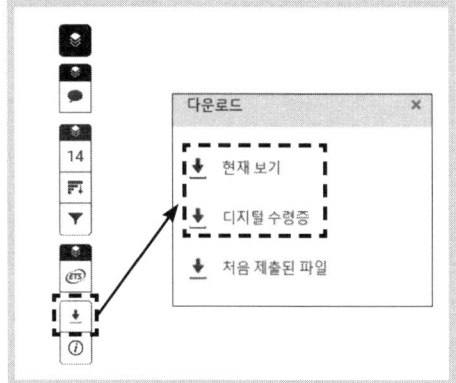

논문 유사도 검사 방법 ② KCI(https://www.kci.go.kr)

1) KCI에서 [논문유사도검사]를 클릭하고 로그인한다.

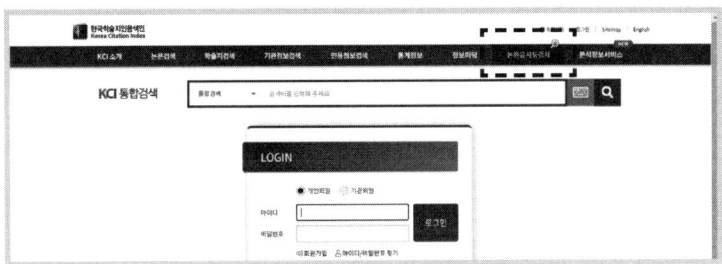

2) [파일 업로드]를 누르고 유사도 검사할 파일을 올린다.

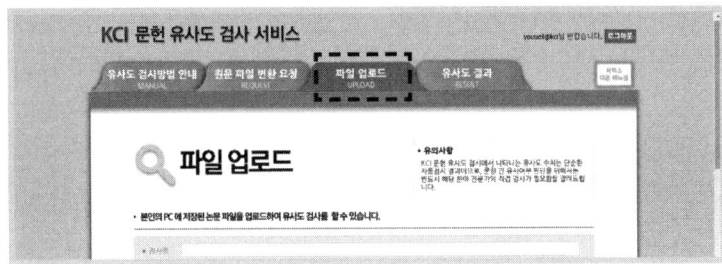

3) [유사도 결과]에서 유사도 검사 결과를 확인한다.

4) 논문 제목을 클릭하면 상세 결과를 보거나 결과 보고서를 내려받을 수 있다.

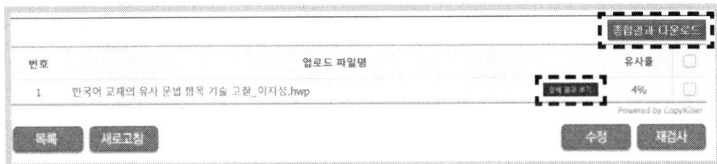

> **연습하기**

🏠 다음 예문을 글쓰기 윤리에 맞게 쓴 글은 무엇입니까?

> "유학생의 TOPIK 결과가 유학생의 실제 한국어 능력을 반영하지 못하기 때문에 TOPIK 문제를 개선해야 한다."
>
> 홍길동(2019), 「한국어 능력 시험의 실제성에 대한 연구」

1) 홍길동(2019)은 "유학생의 TOPIK 결과가 유학생의 실제 한국어 능력을 반영하지 못하기 때문에 TOPIK 문제를 개선해야 한다."라고 하였다.

2) 유학생의 TOPIK 결과가 유학생의 실제 한국어 능력을 반영하지 못하기 때문에 TOPIK 문제를 개선해야 한다.

3) 홍길동(2019)의 연구에서는 유학생의 TOPIK 결과가 실제 한국어 능력을 반영하지 못하기 때문에 TOPIK 문제를 개선해야 한다고 하였다.

4) 유학생의 TOPIK 결과가 실제 한국어 능력을 보여주지 못하기 때문에 TOPIK 문제를 개선할 필요가 있다(홍길동, 2019).

활용하기

1. 다음 예문을 글쓰기 윤리에 맞게 인용하여 써 보십시오.

> 대학원에 재학 중인 유학생들의 논문을 살펴보면 적지 않은 구어체 표현을 발견할 수 있으며 학생들 스스로 언어를 사용하는 상황을 명확하게 인지하지 못하는 경우가 많다.
>
> 최지영(2021), 「외국인 대학원생의 학술적 언어사용역 인식 양상 연구」에서 발췌 및 수정

2. 여러분이 이전에 작성한 보고서를 이용해 KCI 유사도 검사를 해 보십시오.

> **TIP** 유사도 검사는 보통 5-10분 안에 결과가 나오지만 논문의 양이나 동시에 검사하는 논문의 수에 따라 더 오래 걸릴 수 있다. 따라서 하루 정도 여유를 두고 검사하는 것이 좋다.

제3강

논문의 구상

1차시 논문 쓰기의 절차와 목적

2차시 논문의 글감 구체화하기

3차시 논문의 전개 방식

1차시 논문 쓰기의 절차와 목적

> 준비하기

1. '요리'와 '글쓰기'의 비슷한 점은 무엇입니까?

2. 논문을 쓰는 목적은 무엇입니까?

① 모르는 것을 질문하기 위해서
② 읽는 사람을 설득하기 위해서
③ 새로운 정보를 알려주기 위해서
④ 모두가 알고 있는 것을 다시 알려주기 위해서

3. 논문의 주제는 어떤 것이 좋습니까?

① 새롭고 독창적인 내용
② 이미 많이 연구된 내용
③ 자신의 관심 분야에 관한 내용
④ 다른 사람의 흥미를 끌 수 있는 내용

이해하기

1. 논문을 쓰는 과정을 요리하는 과정과 비교해서 생각해 봅시다.

요리하는 과정	논문을 쓰는 과정
어떤 재료로 요리를 할지 생각한다. 예 고기 요리, 해산물 요리 등	글감을 정한다. 예 한류, 한중 외교 문제 등
재료를 이용해 어떤 음식을 만들지 결정한다. 예 고기 → 불고기	글감을 바탕으로 구체적인 주제를 정한다. 예 한류 → 한류 콘텐츠와 국가 브랜드
마트에서 필요한 재료를 사 온다.	도서관, 인터넷 등에서 필요한 자료를 찾고 수집한다.
재료를 씻은 후 손질한다.	수집한 자료를 읽어본 후 논문에 쓸 자료를 따로 정리하거나 필요한 내용을 요약한다.
여러 요리법을 참고하여 나만의 요리법을 정한다. 예 불고기 → 버섯 불고기 전골	비슷한 주제의 다른 논문과는 구별되는 나만의 독창적인 관점이 담긴 주제문을 작성한다.
요리의 순서를 미리 생각해 둔다.	개요를 작성하고 제목과 목차를 정한다.
순서에 맞게 재료를 넣어 요리한다.	구상한 순서대로 글을 쓴다.
음식을 만들면서 간을 맞춘다.	글을 쓰면서 지속해서 수정한다.
음식이 완성되면 친구와 함께 먹는다.	글이 완성되면 제출한다.

2. 실험 논문 쓰기 절차

① 글감 찾기 → ② 주제 정하기 → ③ 자료 수집하기 → ④ 개요 만들기 → ⑤ 제목과 목차 정하기 → ⑥ 주제문 쓰기 → ⑦ 연구의 의의 및 선행연구와의 차이점 정리하기 → ⑧ 실험 설계하기(연구 대상과 방법 정하기, 설문지 만들기, IRB 승인받기 등) → ⑨ 실험하기 → ⑩ 실험 결과 분석하기 → ⑪ 초고 작성하기 → ⑫ 퇴고하기 → ⑬ 초록 쓰기 → ⑭ 양식에 맞게 편집하기 → ⑮ 제출하기

연습하기

1. 논문을 쓰기 위해 가장 먼저 해야 할 일은 무엇입니까?

2. 여러분이 '한류'를 글감으로 한 논문을 쓰기로 하고 다음과 같은 주제를 정했습니다. 친구와 함께 내용을 구체화하고 이 논문을 학술지에 투고하기 위해 앞으로 무엇을 해야 할지 순서대로 이야기해 봅시다.

> **한류 콘텐츠 소비와 한국의 국가 브랜드 이미지**
>
> 1. 서론
> 2. 이론적 배경
> 3. 연구 방법
> 4. 연구 결과
> 5. 결론

예 먼저, '한류 콘텐츠'와 '국가 브랜드 이미지'를 키워드로 하여 논문을 검색해 본다. 다음으로 ······

> **활용하기**

🏠 여러분은 한 학기 동안 논문 쓰기 절차를 배우고 논문을 쓸 예정입니다. 여러분의 논문 계획을 써 보십시오.

	계획 내용
3주 차	예 글감 찾기
4주 차	
5주 차	
6주 차	
7주 차	
8주 차	
9주 차	
10주 차	
11주 차	
12주 차	
13주 차	
14주 차	
15주 차	

투고일:

2차시 논문의 글감 구체화하기

> 준비하기

1. 여러분의 친구에 대해 궁금한 것이 있습니까?

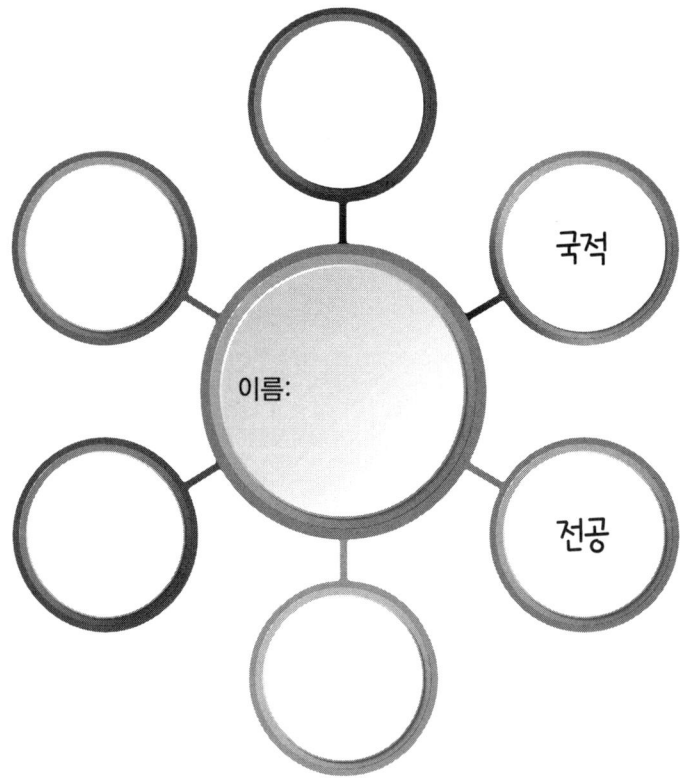

2. 궁금한 것 중에 하나를 골라서 친구에게 질문해 보십시오.

> 이해하기

'글감'을 구체화하는 과정

🏠 여러분이 친구에게 궁금했던 것이 '글감'이 됩니다. '글감'을 찾고 나서 구체적인 질문을 만들어 가야 합니다.

과정	예시
글감 찾기	친구
글감과 관련된 세부 내용 정리하기	키, 성격, 말투…
세부 내용 중 하나 정하기	친구는 말을 할 때 '-은/는 것 같아요'를 자주 사용한다.
질문	친구는 왜 '-은/는 것 같아요'를 많이 사용하는가? ⇩ 한국인이 실제로 '-은/는 것 같아요'를 많이 사용하는가? ⇩ '-은/는 것 같아요'를 쓰면 더 공손하게 느껴지는가? ⇩ '-은/는 것 같아요'를 지나치게 많이 쓰면 어떤 문제가 생기는가? ⇩ …
가설	외국인 친구는 '-은/는 것 같아요'가 더 공손하다고 생각해서 많이 사용할 것이다.

연습하기

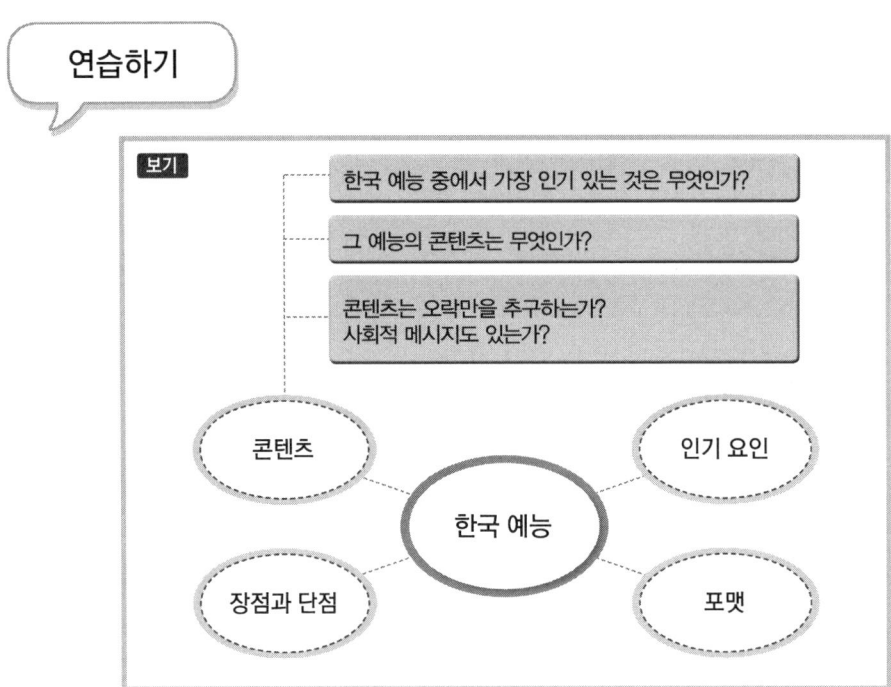

🏠 '한국 드라마'를 주제로 구체적인 글감을 만들어 보십시오.

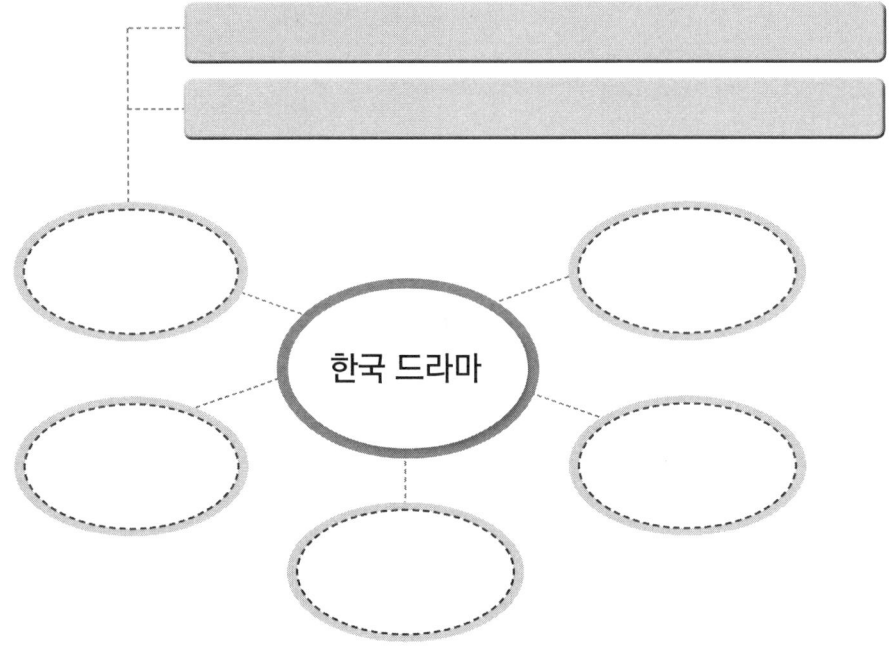

> 활용하기

1. 여러분이 관심 있는 주제는 무엇입니까? 구체적인 글감을 만들어 보십시오.

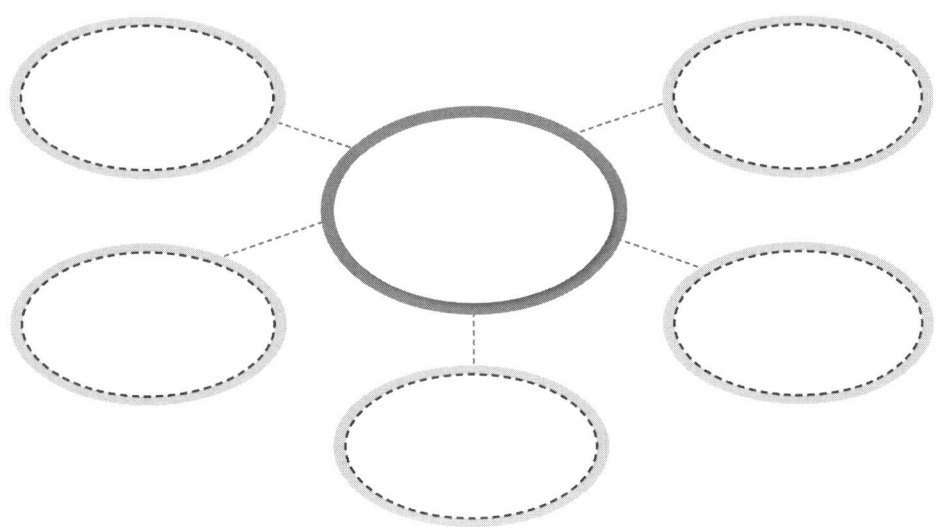

2. 여러분의 주제와 관련한 질문과 가설을 써 보십시오.

질문	
가설	

3차시 논문의 전개 방식

> 준비하기

🏠 여러분은 잠이 오지 않을 때 어떻게 합니까? 왜 그렇게 합니까?

문제: 잠이 오지 않는다

원인	해결 방안
커피를 많이 마셨다.	커피 대신 따뜻한 차를 마신다.
활동량이 적었다.	

이해하기

논문 구성

- ☑ 서론: 앞으로 쓰려고 하는 내용 소개, 질문 제기
- ☑ 본론: 질문에 대한 대답
- ☑ 결론: 본론의 내용 정리 및 마무리

문제 - 해결 구조의 논리 전개 과정

글감: 한국 예능

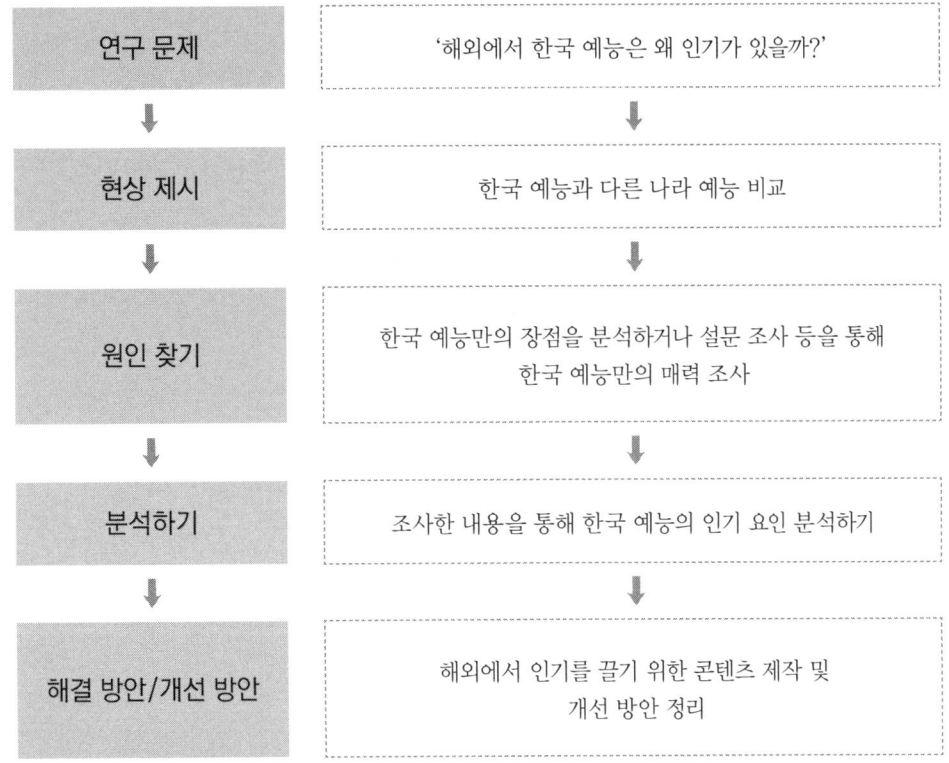

연습하기

🏠 '한국 드라마'를 글감으로 정하여 문제를 제기하고 해결 구조의 논리 전개 과정을 정리해 보십시오.

글감: 한국 드라마

활용하기

🏠 여러분의 질문과 가설에 대한 답을 얻기 위한 논리 전개 과정을 정리해 보십시오.

제4강

논문의 제목과 목차

1차시 논문의 제목

2차시 논문의 목차

3차시 논문의 주제문

1차시 논문의 제목

준비하기

🏠 다음에서 논문의 제목으로 적절한 것과 적절하지 않은 것을 고르십시오. 그리고 적절하지 않은 이유를 친구들과 이야기해 봅시다.

구분	논문의 제목
①	음악 교육론
②	한국어 쓰기 교육 방법 찾기
③	SNS가 청소년의 언어 사용에 미치는 영향
④	한국어랑 영어의 유형론적 대조 연구
⑤	미세 플라스틱 관리 동향 및 정책 제언
⑥	이상 기후의 원인?
⑦	4차 산업 시대의 의료계 현황과 그 문제점
⑧	청소년의 알바 실태와 법적 과제

적절한 것	적절하지 않은 것

> 이해하기

논문 제목의 중요성

- ☑ 논문의 제목은 논문 전체를 요약하여 보여준다.
- ☑ 독자들은 논문 제목을 보고 논문을 읽을지 말지 결정한다.
- ☑ 독자들은 논문 제목의 키워드 검색을 통해 읽을 논문을 찾는다.

논문 제목 정하는 방법

- ☑ 논문의 제목에는 연구의 대상과 핵심 내용이 드러나야 한다.
- ☑ 논문의 제목은 보통 아래와 같은 명사로 끝낸다.

  (※ '-기', '-(으)ㅁ'과 같은 명사형 어미는 쓰지 않는다.)

- ☑ 다른 논문에서 자주 사용되는 표현을 참고하여 작성한다.

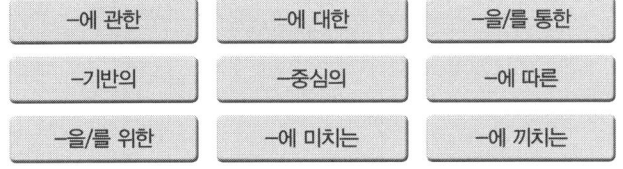

- ☑ 필요하면 논문에 대한 보다 상세한 정보를 부제로 만들어 붙일 수 있다.
  (※ '-을/를 중심으로', '-을/를 목적으로', '-을/를 대상으로')

논문 제목을 정할 때 주의할 점

- ☑ '이/그/저'와 같이 대상을 가리키는 표현은 사용하지 않는다.
- ☑ '-이랑'과 같은 구어 표현은 사용하지 않는다.
- ☑ '알바'와 같은 줄임말은 사용하지 않는다.
- ☑ 너무 길거나 짧지 않은 길이로 작성한다.

> 연습하기

다음 **보기**와 같이 제시된 키워드를 순서대로 조합하여 논문의 제목을 만들어 보십시오.

보기

연구 / 한국 예능의 / 중국 내 / 인기 / 요인

→ 중국 내 한국 예능의 인기 요인 연구

1) 한류 / 활용한 / 관광 산업 / 활성화 / 문화 콘텐츠를 / 방안

→ ....

2) 한류 수용 / –에 대한 / 인식 변화 / 일본인의 / 한국 / –에 따른

→ ....

3) 한국 화장품 / 한류가 / 브랜드의 / 영향 / –에 미치는 / 이미지

→ ....

> 활용하기

1. 여러분의 연구 주제에 맞는 키워드로 논문을 검색한 후 다음의 두 가지 표현이 모두 들어간 논문 제목을 찾아서 써 보십시오.

예) 중국 대학교 한국어과 교육과정 설계**에 관한 연구**

1)
2)
3)
4)
5)

2. 여러분의 논문 제목을 정해 보십시오.

2차시 논문의 목차

준비하기

🏛 다음 목차의 형식이 적절한지 살펴보고 친구들과 이야기해 봅시다.

1. 서론
Ⅱ. 문학 작품 선정 기준
  2.1. 작품 외적 기준
  2.2. 작품 내적 기준
3. 문학 작품 분석
  A. 학습 부담을 기준으로 한 작품 분석
  B. 활용도를 기준으로 한 작품 분석
Ⅳ. 결론
	Ⅰ. 서론
	  1. 연구의 필요성 및 목적
	  2. 연구의 범위 및 방법
	Ⅱ. 이론적 배경
	  1. 동족어 효과
	    1.1. 동족어 효과의 개념
	    1.2. 선행 연구
	  2. 우연적 어휘 학습
	Ⅲ. 연구 방법
	  1. 연구 대상
	  2. 분석 도구
	  3. 연구 절차
	Ⅳ. 연구 결과
	  Ⅴ. 결론

이해하기

목차 작성의 형식

- ✔ 목차는 논문 전체의 내용이 어떤 순서로 구성되었는지 한눈에 들어 올 수 있도록 작성한다.
- ✔ 학교나 학술지마다 목차의 규정이나 형식이 다르므로 전공 분야의 논문을 참고하여 쓴다.
- ✔ 목차의 번호 형식은 한 가지 방법으로 통일성 있게 작성한다.
- ✔ 목차는 장, 절로 구성되며 한 단계씩 낮아질 때마다 한 칸씩 들여 쓴다.
- ✔ 목차의 일반적인 구성 양식은 다음과 같다.

1. 서론
2. 문학 작품 선정 기준
  2.1. 작품 외적 기준
  2.2. 작품 내적 기준
3. 문학 작품 분석
  3.1. 학습 부담을 기준으로 한 작품 분석
  3.2. 활용도를 기준으로 한 작품 분석
4. 결론
	Ⅰ. 서론
	 1. 연구의 필요성 및 목적
	 2. 연구의 범위 및 방법
	Ⅱ. 이론적 배경
	 1. 동족어 효과
	  1.1. 동족어 효과의 개념
	  1.2. 선행 연구
	 2. 우연적 어휘 학습
	Ⅲ. 연구 방법
	 1. 연구 대상
	 2. 분석 도구
	 3. 연구 절차
	Ⅳ. 연구 결과
	Ⅴ. 결론

연습하기

🏛 RISS에서 여러분 연구 주제의 선행연구에 해당하는 학술지 논문 한 편과 학위논문 한 편을 찾아서 목차를 따라 써 보십시오.

학술지 논문의 목차	학위논문의 목차

활용하기

🏠 여러분 논문의 목차를 만들어 보십시오.

〈목차〉

3차시　논문의 주제문

준비하기

🔔 다음 논문의 제목과 목차를 참고하여 이 논문에서 연구자가 주장하고 싶은 바가 무엇인지 이야기해 보십시오.

제목	미세 플라스틱 현황과 인체에 미치는 영향
목차	1. 서론 2. 미세 플라스틱의 현황 3. 미세 플라스틱이 인체에 미치는 영향 4. 미세 플라스틱 제거를 위한 방안 5. 결론

이해하기

논문의 주제문

- ☑ 논문에서 주제문은 내가 무엇을 써야 하는지를 보여주는 가이드라인과 같다.
- ☑ 논문의 주제문은 논문 전체의 내용을 한 문장으로 압축하여 표현한 것이다.
- ☑ 논문의 제목이 같아도 연구자가 하려는 이야기가 무엇이냐에 따라 주제문이 달라질 수 있다.

> 연습하기

1. 다음 논문의 주제문을 골라 보십시오.

제목	문화 한류와 경제 한류가 한국 브랜드 이미지 형성에 미치는 영향
목차	Ⅰ. 서론 Ⅱ. 이론적 배경: 국가 이미지와 국가 브랜딩 Ⅲ. 문화 한류와 경제 한류 　1. 문화 한류 현상 　2. 경제 한류 현상 Ⅳ. 한국의 국가 브랜드 이미지와 한류 Ⅴ. 결론

① 한류의 종류로 문화 한류와 경제 한류가 있다.
② 한류는 국가 브랜드 이미지와 상호보완적인 관계이다.
③ 문화 한류와 경제 한류는 한국의 국가 브랜드 이미지 형성에 긍정적인 영향을 미친다.
④ 문화 한류는 한국의 국가 브랜드 이미지 형성에 영향을 미치지만 경제 한류는 그와 무관하다.

2. 다음 논문의 제목과 목차를 참고하여 이 논문에서 주장하는 바를 한 문장의 주제문으로 써 보십시오.

제목	인도 내 한국 드라마의 인기 요인 연구
목차	1. 서론 2. 인도 내 한국 드라마의 방영 현황 3. 인도 내 한국 드라마의 인기 요인 4. 인도 드라마의 제작 방향 5. 결론

활용하기

1. 여러분이 정한 논문의 제목과 목차를 정리해서 쓰십시오.

제목	
목차	

2. 여러분이 논문을 통해 주장하고자 하는 바를 한 문장의 주제문으로 정리해서 써 보십시오.

제5강

요약하기

1차시 삭제하기와 선택하기

2차시 일반화하기와 재구성하기

3차시 참고문헌 요약하기

1차시   삭제하기와 선택하기

준비하기

1. 아래의 그림을 보고 무슨 내용인지 이야기해 보십시오.

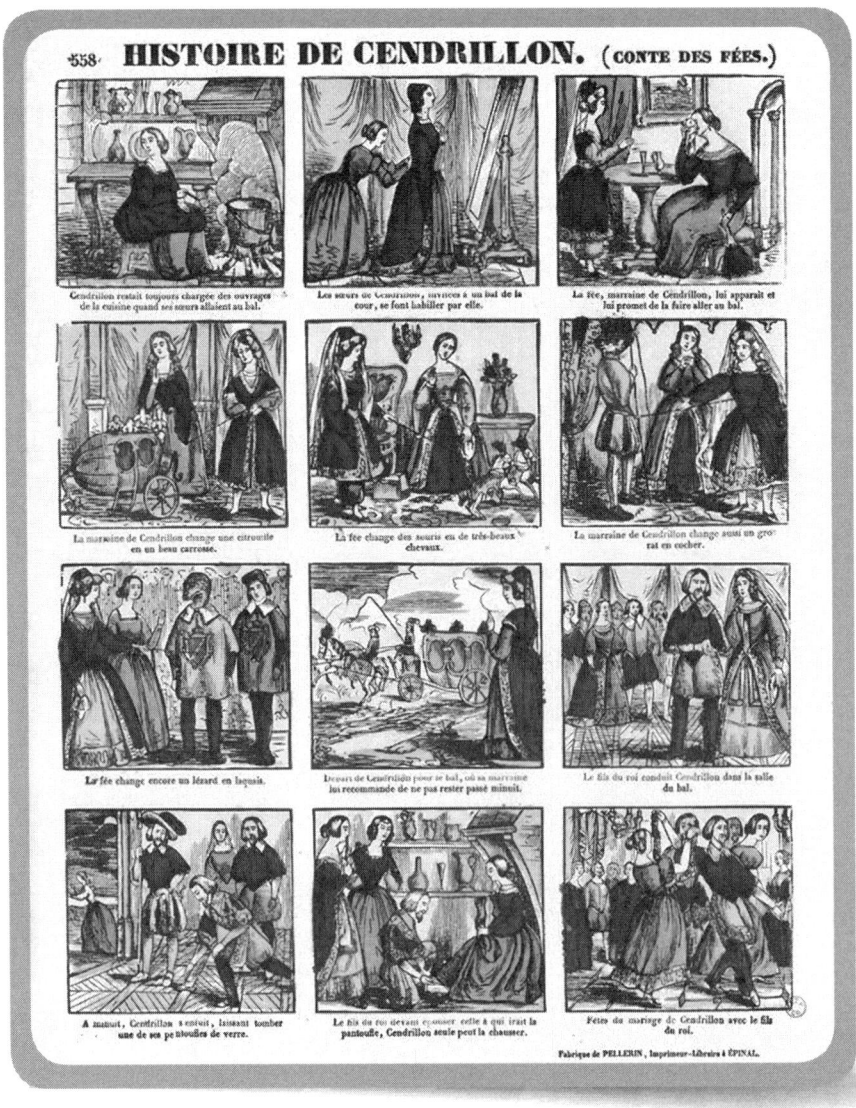

출처: 파리 유럽 지중해문명 박물관 소장, 1842년 제작.

2. 다음 이야기를 읽고 핵심 내용 8개를 선택하여 이야기를 완성해 보십시오.

① 옛날 어느 마을에 착하고 예쁜 신데렐라가 새엄마와 언니들과 함께 살고 있었어요. 새엄마와 언니들은 신데렐라에게 힘든 청소와 요리를 시켰어요.

② 그러던 어느 날, 궁전에서 왕자가 신부를 찾기 위해 무도회를 열었어요. 새엄마와 언니들은 예쁜 드레스를 입고 자기들만 무도회에 가 버렸지요.

③ 혼자 남은 신데렐라는 무도회에 가지 못해 눈물을 흘렸어요. 자기도 무도회에 너무나 가고 싶었거든요. 그때 요정이 나타났어요.

④ 요정이 정원에 있는 호박을 요술 막대로 두드렸더니 황금빛 호박 마차가 되었어요. 생쥐들을 요술 막대로 건드렸더니 멋진 말이 되었지요.

⑤ 그리고 요술 막대로 신데렐라의 옷을 살짝 건드렸더니 예쁜 드레스로 바뀌었어요. 마지막으로 두꺼비 두 마리는 멋진 마부가 되었어요.

⑥ 요정은 예쁜 드레스를 입은 신데렐라를 황금빛 호박 마차에 태우고 예쁜 유리 구두 한 켤레를 주면서 자정까지 꼭 돌아오라고 했어요.

⑦ 궁전에 도착한 아름다운 신데렐라를 본 궁전의 하인들은 알 수 없는 나라의 공주가 왔다고 알렸어요. 왕자는 아름다운 신데렐라를 보고 첫눈에 반했지요.

⑧ 왕자는 무도회 내내 아름다운 신데렐라하고만 춤을 추었어요. 그런데 자정을 알리는 종소리가 울렸어요. 깜짝 놀란 신데렐라는 유리 구두 한 짝이 벗겨진 줄도 모르고 무도회장을 뛰쳐나왔어요.

⑨ 신데렐라가 정신없이 집으로 돌아가는 동안 황금빛 마차도, 말과 마부도, 예쁜 드레스도 모두 사라져 버렸지요.

⑩ 며칠 후, 왕자는 유리 구두에 발이 맞는 여자와 결혼하겠다고 선포했어요.

| ⑪ | 온 나라의 여자들에게 유리 구두를 신어 보게 했어요. 그러나 유리 구두가 발에 맞지 않았지요. |

| ⑫ | 신데렐라의 집에도 궁전의 하인들이 찾아와 언니들에게 유리 구두를 신어 보게 했어요. 하지만 언니들도 유리 구두가 발에 맞지 않았지요. |

| ⑬ | 궁전의 하인들이 신데렐라에게도 유리 구두를 신어 보게 했어요. 유리 구두가 신데렐라의 발에 꼭 맞았어요. 신데렐라는 나머지 유리 구두 한 짝도 꺼내 신었지요. |

| ⑭ | 하인들은 신데렐라를 궁전으로 데려갔어요. 신데렐라를 본 왕자는 신데렐라가 전보다 더 아름답다고 생각했어요. |

| ⑮ | 왕자와 신데렐라는 결혼을 해서 행복하게 살았답니다. |

① → ☐ → ☐ → ☐ → ☐ → ☐ → ☐ → ☐ → ⑮

> 이해하기

삭제하기

- ☑ 반복되는 내용이나 설명을 찾아 삭제한다.
- ☑ 중요하지 않거나 없어도 되는 내용을 찾아 삭제한다.

> 온 나라의 여자들에게 유리 구두를 신어 보게 했어요. 그러나 유리 구두가 발에 맞지 않았지요. 신데렐라의 집에도 궁전의 하인들이 찾아와 언니들에게 유리 구두를 신어 보게 했어요. 하지만 언니들도 유리 구두가 발에 맞지 않았지요.

선택하기

- ☑ 가장 중요한 핵심 문장을 찾아 선택한다.
- ☑ 핵심 문장을 뒷받침하는 세부 문장을 찾아 선택한다.

> 온 나라의 여자들에게 유리 구두를 신어 보게 했어요. [핵심 문장] 신데렐라의 집에도 궁전의 하인들이 찾아와 언니들에게 유리 구두를 신어 보게 했어요. [세부 문장]

> 연습하기

1. 다음 글을 읽고 질문에 답해 보십시오.

> ① 최근 해외에서 '한류'에 대한 관심이 빠르게 증가하고 있다. ② 이러한 이유로 한국어 교육에서도 한류의 중요성과 가치가 점차 강조되고 있다. ③ 최근에는 한국어 수업에서 한국 드라마나 K-pop 등의 한류 콘텐츠를 활용하는 경우가 많다. ④ 이렇게 한국어 수업에서 한류 콘텐츠를 활용함으로써 학습자의 흥미를 유발하고 학습 동기를 강화할 수 있으며 새로운 학습자를 끌어들일 수도 있다.

1) 반복되거나 중요하지 않은 문장을 찾아보십시오. (   )

2) 핵심 문장을 찾아보십시오. (   )

3) 핵심 문장을 뒷받침하는 세부 문장을 2개 찾아보십시오. (   )

2. 다음 글을 읽고 질문에 답해 보십시오.

> ① 인터넷 기술의 발전과 다른 나라와의 교류 증가로 일상생활에서 외래어의 사용이 많아지고 있다. ② 실제로 많은 한국인이 다양한 외래어를 거부감 없이 사용한다. ③ 한국인의 외래어 사용이 늘면서 한국어 교육 분야에서도 외국인 학습자를 대상으로 한 외래어 교육의 필요성이 커지고 있다. ④ 한국어 학습자가 외래어에 익숙한 경우에는 원어 표기를 덧붙여 줌으로써 어휘 학습의 부담을 덜어줄 수 있으나 익숙하지 않은 경우에는 또 다른 외국어를 이해해야 하는 어려움이 더해진다. ⑤ 그러므로 한국어 교육에서 별도의 외래어 교육이 이루어져야 할 것이다. ⑥ 이를 위해 한국인이 자주 사용하는 외래어 목록을 선정하고 한국어 수업에 외래어 학습과 연습을 포함할 필요가 있다.

1) 반복되거나 중요하지 않은 문장을 2개 찾아보십시오. (   )

2) 핵심 문장을 3개 찾아보십시오. (   )

3) ③을 뒷받침하는 세부 문장을 1개 찾아보십시오. (   )

> **활용하기**

🏠 다음 글을 읽고 핵심 문장을 2개 찾아보십시오.

> ① 한국어 학습자의 목표가 한국인처럼 말하는 것이라고 보았을 때, 문법과 어휘 위주의 학습만으로는 이러한 목표를 이루기가 쉽지 않다. ② 언어는 문화와 관련되어 있고 문화에 대한 깊이 있는 이해 없이는 원어민처럼 말하기가 어렵기 때문이다. ③ 따라서 언어를 적절하게 구사하기 위해서는 문화에 대한 이해가 반드시 동반되어야 한다. ④ 특히 문학 작품은 한국어 학습자가 자연스럽게 한국 문화를 학습할 수 있는 통로가 된다. ⑤ 한국의 문학 작품은 한국인의 정서와 역사, 사회적 현상 등 다양한 문화 현상들을 담고 있는 학습 자료이기 때문이다. ⑥ 문학 작품은 문화를 학습할 수 있는 훌륭한 자료이면서 동시에 어휘나 문법이 사용되는 자연스러운 상황을 보여주기 때문에 어휘 및 문법 학습에도 도움을 줄 수 있다.
>
> 장연분홍(2021), 「한국어 교육을 위한 문학 작품 선정 기준 연구」에서 발췌 및 수정

2차시   일반화하기와 재구성하기

> 준비하기

1. 아래의 사진을 보고 공통점을 찾아보십시오.

치킨	김치	비빔밥
잡채	불고기	김밥
순두부찌개	해물파전	떡볶이

2. 위 음식을 두 가지로 분류한다면 어떤 기준으로 나눌 수 있습니까?

> 이해하기

일반화하기

- ☑ 상위 단어 안에 하위 단어들을 포함하는 과정이다.
- ☑ 하위 단어들의 공통점을 찾아 큰 단어로 표현한다.

한국 사람들의 식단에서 절대 빠질 수 없는 김치는 맛뿐만 아니라 건강에도 매우 좋은 음식으로 알려져 있다. 이러한 김치의 장점은 해외에도 널리 알려져 2006년 건강전문지인 'The Health'에서 세계 5대 건강식품으로 선정되기도 했다. 가장 대표적인 김치는 배추김치지만 깍두기, 열무김치, 파김치 등 다양한 종류가 있고 재료에 따라 맛과 영양도 달라진다. 배추김치 역시 배추의 종류와 양념에 따라 얼갈이김치, 김장김치, 백김치 등으로 나뉜다.

상위 단어	하위 단어
김치	배추김치
	깍두기
	열무김치
	파김치

재구성하기

- ☑ 여러 개의 문장을 한 개의 핵심 문장으로 표현하는 것이다.
- ☑ 주어진 자료나 글을 읽고 그 내용을 충분히 이해한 후 핵심이 되는 단어나 문장을 찾아내고 그것을 다시 조합하여 핵심 문장을 만든다.

한국의 김치는 **재료**에 따라 종류도 다양하고 **맛과 영양**에도 차이가 나지만 모두 **건강에 좋은** 음식이다.

> 연습하기

🏠 다음 글을 읽고 질문에 답하십시오.

> 인터넷 기술의 발전과 국제적인 교류 증가로 일상생활에서 외래어의 사용이 많아지고 있다. 한국인의 외래어 사용이 늘면서 한국어 교육에서도 학습자를 대상으로 한 외래어 교육의 필요성이 커지고 있다. 한국어 학습자가 외래어에 익숙한 경우에는 원어 표기를 덧붙여 줌으로써 어휘 학습의 부담을 덜어줄 수 있으나 익숙하지 않은 경우에는 또 다른 외국어를 이해해야 하는 어려움이 더해진다. 그러므로 한국인이 자주 사용하는 외래어 목록을 선정하여 사용 빈도가 높은 외래어를 학습자들에게 가르칠 필요가 있을 것이다.

1) 상위 단어와 하위 단어가 있는 것을 찾아서 빈칸을 채워 보십시오.

상위 단어	하위 단어
	외래어에 익숙한 학습자

2) 핵심이 되는 단어나 문장을 찾아서 한 문장으로 요약하려고 합니다. 빈칸에 알맞은 내용을 넣어 완성해 보십시오.

> 한국인들의 외래어 사용이 늘어나면서 한국어 학습자를 대상으로 한 _____ 의 필요성이 커지고 있으므로 한국인이 _____ 외래어 목록을 선정하여 _____ 가 높은 외래어를 학습자들에게 가르칠 필요가 있다.

활용하기

🏠 다음 글을 읽고 핵심이 되는 단어나 문장을 찾아서 한 문장으로 재구성해 보십시오.

> 언어는 문화와 관련되어 있으므로 한국어 학습자가 한국 문화를 깊이 있게 알지 못한다면 한국 사회를 이해하거나 한국인처럼 말하기가 어려울 것이다. 즉, 언어를 맥락에 맞게 잘 구사하기 위해서는 문화에 대한 이해가 반드시 동반되어야 한다. 한국의 문학 작품은 한국인의 정서와 역사, 사회적 현상 등을 담고 있는 좋은 학습 자료이기 때문에 학습자에게 문학을 가르침으로써 자연스럽게 한국 사회를 이해시키고 한국어 능력도 향상시킬 수 있다. 따라서 한국어 교수·학습 현장에서 문학 교육이 더 활발하게 이루어져야 할 필요가 있다.
>
> 장연분홍(2021), 「한국어 교육을 위한 문학 작품 선정 기준 연구」에서 발췌 및 수정

3차시 참고문헌 요약하기

연습하기(1)

1. 다음 글을 읽고 핵심 문장을 찾아보십시오.

> 한국어 학습자에게 가르칠 문학 작품을 선정할 때에는 학습자가 한국어를 공부하는 궁극적인 이유를 생각해 볼 필요가 있다. 한국어 교육의 목표는 학습자가 한국인과 원활하게 의사소통할 수 있도록 하는 것이다. 한국인과 문제없이 대화를 이어가기 위해서는 풍부한 어휘와 문법 지식뿐만 아니라 대화 내용의 문화적인 맥락을 파악하여 상황에 맞는 이야기를 할 수 있는 능력이 필요하다. 문학 작품은 학습자에게 한국의 문화와 한국인의 사고방식을 이해시키는 좋은 교육 자료로 문학 작품을 읽으면 다양한 표현이 사용되는 문화적 상황을 접하게 되고 이러한 상황에서 사용되는 어휘와 문법 지식도 함께 학습할 수 있다.
>
> 장연분홍(2021), 「한국어 교육을 위한 문학 작품 선정 기준 연구」에서 발췌 및 수정

2. 위 글에서 핵심이 되는 단어나 문장을 찾아서 한 문장으로 재구성하려고 합니다. 빈칸에 알맞은 내용을 넣어 완성해 보십시오.

> 한국어 학습자가 한국인과 _____을 하려면 대화 내용의 _____을 파악하여 _____를 하는 능력이 필요한데, 문학 작품을 통해 _____을 이해할 수 있을 뿐만 아니라 다양한 문장이 사용되는 _____과 이에 맞는 _____도 함께 학습할 수 있다.

> **연습하기(2)**

🏠 다음 글을 읽고 핵심이 되는 단어나 문장을 찾아서 한두 문장으로 요약해 보십시오.

> 한국어 교육에서 많은 교사가 문학 작품 교수·학습의 중요성에 공감하고 있음에도 불구하고 문학 교육은 활발하게 이루어지지 못하고 있다. 그 원인은 여러 가지가 있겠지만, 가장 큰 문제는 작품에 나오는 어휘가 너무 많고 난도가 높아 학습자의 부담이 크다는 점이다. 따라서 문학 교육에서 학습자가 초급, 중급, 고급 단계를 거치면서 공부한 한국어 지식을 활용할 수 있는 수준의 작품을 선정하는 것이 중요하다. 다음으로 실생활에서 자주 사용되는 어휘나 표현이 많이 포함된 작품을 선정할 필요가 있다. 학습자가 평소에 거의 접하지 못하는 어휘나 표현이 많으면 수업을 진행하기도 어렵고 작품을 통해 학습한 것을 활용하기도 어렵다. 가령 국어 교과서에서 다루는 문학 작품들은 교육 자료로서 검증된 훌륭한 작품들이지만 오래전에 발표된 것이 많아 지금은 사용하지 않는 어휘나 표현이 많이 포함되어 있다. 즉, 한국인의 정서를 이해할 수 있는 좋은 작품이라 하더라도 교육 자료로서 활용도가 높지 않다면 외국인 학습자에게 가르치기에 적합하지 않다.
>
> 장연분홍(2021), 「한국어 교육을 위한 문학 작품 선정 기준 연구」에서 발췌 및 수정

활용하기

🏠 여러분 논문의 참고문헌을 읽고 다음 내용을 요약해 보십시오.

〈연구 목적과 필요성〉

〈연구 방법〉

제6강

인용하기

1차시 인용의 종류

2차시 인용의 방법

3차시 인용과 바꿔 쓰기

1차시   인용의 종류

준비하기

🏠 '인용'이란 자신의 글에 다른 사람의 글을 가져오는 것입니다. 다음 글에서 인용된 부분을 찾아보십시오.

> 이탈리아의 한국학에 관한 선행연구를 시기별로 나누어 살펴보면 2000년대 이전에는 김태진(1983)과 박병철(1994)이 있다. 두 연구자 모두 교육부에서 이탈리아로 파견되어 초기 한국학 발전에 큰 역할을 하였다. 2000년대 이후에 발표된 연구로는 김시홍(2004), 김훈태(2009)가 있으며 이들 연구에는 이탈리아에서 한국학을 전공으로 개설한 대학의 교과과정이 자세하게 소개되어 있다.

> 정임숙·김참이(2019)는 이탈리아 내 한국학 열풍을 설명하면서 "최근 SNS를 통해 퍼져 나간 한국의 웹툰, 노래, 드라마 등의 문화 콘텐츠로 인해 한국학을 전공하고자 하는 학생들이 늘어났으며, 학계에서도 한국학에 대한 중요성을 알기 시작했다."라고 하였다.

> 현대 이탈리아 사람들이 '한국'이라는 나라를 주목하기 시작한 계기는 크게 1988년 서울 올림픽, 2002년 월드컵, 그리고 한국 영화라고 볼 수 있다. 김훈태(2009)에서는 최근 몇 년간 베네치아대학에서 늘어나고 있는 한국어와 한국 문화에 대한 관심이 유명 영화제에서 매년 호평을 받는 한국 영화에서 비롯된 것이라고 보았다.
>
>   정임숙·김참이(2019), 「이탈리아에서의 한국학 동향과 전망」에서 발췌 및 수정

> 이해하기

인용하기의 특징

- ✅ 인용은 자신의 글이 객관적이고 타당하다는 것을 보여주기 위해 다른 사람의 견해와 주장을 빌리는 것이다. 따라서 내가 쓴 부분과 명확하게 구분해야 하며 그렇지 않으면 표절이 된다.
- ✅ 연구 주제와 관련된 연구 동향 정리 혹은 선행연구 소개도 인용에 해당한다.
- ✅ 내 연구와 비슷하거나 상반된 견해의 인용을 통해 논의를 더 풍부하게 만들 수 있다.
- ✅ 연구 주제와 관련된 기존의 연구를 인용함으로써 주장의 근거를 마련하고 읽는 사람을 효과적으로 설득할 수 있다.
- ✅ 자신이 직접 읽은 내용을 인용하는 것이 원칙이나 불가피하게 다른 연구에서 한 번 인용한 것을 다시 인용하는 경우에는 '재인용'이라고 표기한다.
- ✅ 인용을 지나치게 많이 하거나 자료를 잘못 해석하여 인용하는 경우 내 논문의 가치가 떨어질 수 있다. 따라서 내 글이 주가 되고 인용이 부가 되어야 한다.
- ✅ 인용은 크게 '직접 인용'과 '간접 인용'으로 나눌 수 있다.

직접 인용의 방법

- ✅ 직접 인용은 기존 연구에 있는 문장을 원문 그대로(문자, 어구, 구두점 등을 전혀 바꾸지 않고) 자신의 논문에 가져오는 것이다.

> 정임숙·김참이(2019:342)는 이탈리아 내 한국학 열풍을 설명하면서 "최근 SNS를 통해 퍼져 나간 한국의 웹툰, 노래, 드라마 등의 문화 콘텐츠로 인해 한국학을 전공하고자 하는 학생들이 늘어났으며 학계에서도 한국학에 대한 중요성을 알기 시작했다."라고 하였다.

- ☑ 연구에서 원문을 그대로 제시할 필요가 있거나 원문을 옮기는 과정에서 오해가 생길 수 있다고 판단될 때 직접 인용을 사용한다.
- ☑ 인용할 부분이 세 줄 이하일 경우에는 " "(큰따옴표)를 사용해 본문과 구분하고, 네 줄 이상(단락)일 경우에는 문단의 형식이나 글자의 크기를 조절하여 별도의 문단을 만든다.

간접 인용의 방법

- ☑ 간접 인용은 다른 사람이 쓴 글을 요약하거나 자신의 언어로 바꿔 쓴 후 의견을 드러내는 방법이다.
- ☑ 내용을 바꿔 쓸 때는 인용하는 사람의 생각에 따라 원문의 내용이 왜곡되지 않도록 주의해야 한다.
- ☑ 간접 인용의 방법에는 두 가지가 있다.
    - 연구자(연도:페이지) + 은/는, 에서는, 에 의하면 + 내용 + -다고/라고 하다/말하다/생각하다/주장하다/밝히다

    > 정임숙·김찹이(2019:342)는 이탈리아 내 한국학 열풍에 대해, SNS를 통한 한국의 웹툰, 노래, 드라마 등의 문화 콘텐츠의 인기가 한국학 전공생의 증가에 영향을 미쳤고, 이에 따라 학계에서도 한국학의 중요성을 인지하기 시작했다고 하였다.

    - 내용 재구성(연구자, 연도:페이지)

    > 이탈리아에서는 SNS를 통한 한국의 웹툰, 노래, 드라마 등의 문화 콘텐츠의 인기가 한국학 전공생의 증가로 이어졌고, 한국학에 대한 학계의 관심도 증가하기 시작하였다(정임숙·김찹이, 2019:342).

> 연습하기

🏠 다음 글을 읽고 질문에 답하십시오.

> ① 정임숙·김참이(2019)는 이탈리아 내 한국학 열풍을 설명하면서 "최근 SNS를 통해 퍼져 나간 한국의 웹툰, 노래, 드라마 등의 문화 콘텐츠로 인해 한국학을 전공하고자 하는 학생들이 늘어났으며 학계에서도 한국학에 대한 중요성을 알기 시작했다."라고 하였다.
>
> ② 현대 이탈리아 사람들이 '한국'이라는 나라를 주목하기 시작한 계기는 크게 1988년 서울 올림픽, 2002년 월드컵, 그리고 한국 영화라고 볼 수 있다. 김훈태(2009)에서는 최근 몇 년간 베네치아대학에서 늘어나고 있는 한국어와 한국 문화에 대한 관심이 유명 영화제에서 매년 호평을 받는 한국 영화에서 비롯된 것이라고 보았다.
>
> ③ 이탈리아의 한국학에 관한 선행연구를 시기별로 나누어 살펴보면 2000년대 이전에는 김태진(1983)과 박병철(1994)이 있다. 두 연구자 모두 교육부에서 이탈리아로 파견되어 초기 한국학 발전에 큰 역할을 하였다. 2000년대 이후에 발표된 연구로는 김시홍(2004), 김훈태(2009)가 있으며 이들 연구에는 이탈리아에서 한국학을 전공으로 개설한 대학의 교과과정이 자세하게 소개되어 있다.
>
> 정임숙·김참이(2019), 「이탈리아에서의 한국학 동향과 전망」에서 발췌 및 수정

1) 선행연구의 존재를 언급하여 인용 정보를 제공한 것을 찾아보십시오.

2) 선행연구의 내용을 그대로 직접 인용한 것을 찾아보십시오.

3) 선행연구의 내용을 요약하여 간접 인용한 것을 찾아보십시오.

활용하기

🖊 여러분이 찾은 참고문헌에서 다음에 해당하는 부분을 찾아서 써 보십시오.

1) 선행연구의 존재를 언급하고 인용 정보를 제공한 경우

2) 선행연구의 내용을 직접 인용한 경우

3) 선행연구에서 필요한 부분을 요약하여 간접 인용한 경우

2차시　인용의 방법

준비하기

🏠 선행연구를 인용하여 자신의 주장을 뒷받침하는 방법으로 '선행연구의 존재 언급하기', '선행연구의 내용 인용하기', '선행연구의 내용에 연구자의 의견 더하기'가 있습니다. 다음 글은 어디에 해당하는지 이야기해 보십시오.

> ① 이탈리아의 한국학에 관한 선행연구를 시기별로 나누어 살펴보면 2000년대 이전에는 김태진(1983)과 박병철(1994)이 있다. 두 연구자 모두 교육부에서 이탈리아로 파견되어 초기 한국학 발전에 큰 역할을 하였다. 2000년대 이후에 발표된 연구로는 김시홍(2004), 김훈태(2009)가 있으며 이들 연구에는 이탈리아에서 한국학을 전공으로 개설한 대학의 교과과정이 자세하게 소개되어 있다.

➡ _____

> ② 정임숙·김참이(2019)는 이탈리아 내 한국학 열풍에 대해, SNS를 통한 한국의 웹툰, 노래, 드라마 등의 문화 콘텐츠의 인기가 한국학 전공생의 증가에 영향을 미쳤고 이로 인해 학계에서도 한국학의 중요성을 인지하기 시작했다고 하였다.

➡ _____

> ③ 현대 이탈리아 사람들이 '한국'이라는 나라를 주목하기 시작한 계기는 크게 1988년 서울 올림픽, 2002년 월드컵, 그리고 한국 영화라고 볼 수 있다. 김훈태(2009)에서는 베네치아대학에서 늘어나고 있는 한국어와 한국 문화에 대한 관심이 유명 영화제에서 매년 호평을 받는 한국 영화에서 비롯된 것이라고 보았는데, 이는 최근 봉준호 감독의 기생충(Parasite)이나 정이삭 감독의 미나리(Minari)에 대한 이탈리아 사람들의 관심이 많이 늘어난 것을 통해서도 확인할 수 있다.
>
> 　　　　　　정임숙·김참이(2019), 「이탈리아에서의 한국학 동향과 전망」에서 발췌 및 수정

➡ _____

> 이해하기

선행연구의 존재 언급

- ☑ 쓰고자 하는 주제와 관련한 주요 선행연구를 언급한다.
- ☑ 연구자와 연도 표시를 통해 연구의 존재 자체를 인용한다.

> 이탈리아의 한국학에 관한 선행연구를 시기별로 나누어 살펴보면 2000년대 이전에는 김태진(1983)과 박병철(1994)이 있다.

선행연구의 내용 직접 혹은 간접 인용

- ☑ 선행연구의 존재와 연구의 내용까지 간략하게 언급하는 것이다.
- ☑ 선행연구에 제시된 특정한 내용을 인용할 때는 연도뿐만 아니라 해당 내용이 제시된 페이지까지 표시한다.

> 정임숙·김참이(2019)는 SNS를 통한 한국의 문화 콘텐츠의 인기가 한국학 전공생의 증가에 영향을 미쳤고 이로 인해 학계에서도 한국학의 중요성을 인지하기 시작했다고 하였다.

선행연구의 내용에 연구자의 의견을 더한 인용

- ☑ 선행 연구자의 글을 인용한 후 자신의 의견을 더한 것이다.
- ☑ 인용하는 사람의 해석이나 의견이 포함되는 것이므로 인용한 내용과 자신의 의견이 분명하게 구분되어야 한다.

> 김훈태(2009)에서는 베네치아대학에서 늘어나고 있는 한국어와 한국 문화에 대한 관심이 유명 영화제에서 매년 호평을 받는 한국 영화에서 비롯된 것이라고 보았는데[인용] 이는 최근 봉준호 감독의 기생충(Parasite)이나 정이삭 감독의 미나리(Minari)에 대한 이탈리아 사람들의 관심이 크게 늘어난 것을 통해서도 확인할 수 있다[의견].

연습하기

🏠 다음 글을 읽고 질문에 답하십시오.

> 2010년도 이후에는 '이탈리아에서의 한국학 교육의 몇 가지 문제'(Maurizio Riotto, 2012)가 발표되었는데, 이는 이탈리아 내 초창기 한국학을 이끌었던 학자 마우리치오 리오토(Maurizio Riotto)가 22년간 한국어와 한국문학을 가르치면서 느낀 점을 기술한 논문이다. 그는 고전 문학이나 역사 교육의 중요성에 대해 강조하면서도 케이팝(K-pop) 및 현대 대중문화에 대해서는 부정적인 태도를 보였다. 몇 년 전까지만 해도 이러한 의견에 반론을 제기하는 사람이 드물었으나, 최근 SNS를 통해 확산하고 있는 한국 문화 콘텐츠가 한국학 전공자를 끌어들이는 중요한 요인이 되면서 학계의 시선도 달라지기 시작했다. 이 외에 김효신(2018)에서는 2018년까지 발표된 이탈리아 내 한국학 자료를 상세하게 조사하여 제시하였다. 이 연구를 통해 이탈리아에서 한국학 연구가 시작된 지 반세기가 넘었음에도 한국학 관련 논의가 여전히 부족하다는 것을 확인할 수 있다.
>
> 정임숙·김참이(2019), 「이탈리아에서의 한국학 동향과 전망」에서 발췌 및 수정

1) 선행연구의 존재와 출처를 언급한 부분은 어디입니까?

2) 선행연구의 내용을 인용한 부분을 찾아보십시오. 그리고 이것이 간접 인용인지 직접 인용인지 이야기해 보십시오.

3) 선행연구의 내용에 연구자의 의견이 추가된 부분을 찾아보십시오. 어떤 것이 인용된 내용이고 어떤 것이 추가된 의견입니까?

> 활용하기

🏠 참고문헌을 인용하여 여러분의 논문에 포함될 내용을 작성해 보십시오.

1) 선행연구의 존재와 출처를 언급하여 써 보십시오.

2) 선행연구의 내용을 간접 인용하여 써 보십시오.

3) 선행연구의 내용에 여러분의 의견을 추가해서 써 보십시오.

3차시   인용과 바꿔 쓰기

준비하기

🏠 '바꿔 쓰기'는 선행연구의 내용을 유지하면서 어휘와 문장 구조 등을 자신의 표현으로 바꾸어 쓰는 것을 말합니다. 다음을 보고 세 글이 어떻게 다른지 비교해 보십시오.

원문	바꿔 쓰기 후
이탈리아에서 한국학의 인기가 갈수록 높아지고 있다. 최근 SNS를 통해 퍼져 나간 한국의 웹툰, 노래, 드라마 등의 문화 콘텐츠가 현재 이탈리아 대학가에 한국학 전공 학생들을 몰리게 하는 주요한 이유가 되었다. 또한 학계에서도 한국 문화에 대한 중요성을 알기 시작했다. 출처: 정임숙·김참이(2019), 「이탈리아에서의 한국학 동향과 전망」, 342쪽.	정임숙·김참이(2019:342)는 이탈리아 내 한국학 열풍에 대해, SNS를 통한 한국의 웹툰, 노래, 드라마 등의 문화 콘텐츠의 인기가 한국학 전공생의 증가에 영향을 미쳤고, 이에 따라 학계에서도 한국학의 중요성을 인지하기 시작했다고 하였다. 이탈리아에서는 SNS를 통한 한국의 웹툰, 노래, 드라마 등의 문화 콘텐츠의 인기가 한국학 전공생의 증가로 이어졌고, 한국학에 대한 학계의 관심도 증가하기 시작하였다(정임숙·김참이, 2019:342).

> 이해하기

바꿔 쓰기의 특징

- ☑ 선행연구의 내용을 간접 인용하여 가져올 때 바꿔 쓰기를 한다.
- ☑ 선행연구에 쓰여 있는 글을 그대로 가져오면 표절이 될 수 있으므로 자신의 말로 바꿔 써야 한다.
- ☑ 인용하고자 하는 부분의 내용을 정확하게 이해한 후 원문과 다른 표현이나 문장 구조를 사용하여 바꿔 쓰기를 한다.
- ☑ 바꿔 쓰기를 통해 간접 인용을 할 때 다음과 같은 표현이 자주 사용된다.

| 연구자
(연도:페이지) | 은/는
에서는
에 의하면
에 따르면 | (내용)
을/를 | -다고/라고 하였다
-(으)로 보았다
-(으)로 정의한다/하였다
-다고/라고 언급하였다 |

- ☑ 바꿔 쓰기를 한 다음 문장의 끝에 (연구자, 연도:페이지)를 붙여서 간접 인용할 수 있다.
- ☑ 선행연구에서 인용하고자 하는 문단의 내용을 이해한 후 원문에 쓰인 표현에 대한 유의어, 동의어 등을 찾아서 바꾸어 써 본다. 단, 전문용어나 고유명사는 바꾸지 않는다.
- ☑ 긴 문장을 두 문장으로 나누거나 여러 개의 문장을 한 문장으로 합칠 수 있다.
- ☑ 선행연구의 의미를 유지하며 자신의 논문에 적합한 방식으로 문장을 다시 쓰되 원문과 비슷한 길이로 쓴다.

연습하기

1. 다음 문장을 [보기]와 같이 바꿔 쓰기를 통해 두 가지 방법으로 간접 인용해 보십시오.

[보기]

원문	바꿔 쓰기 후
시에나 대학은 자체적으로 한국어 과정을 특화하는 노력과 더불어 한국학 과정의 균형적인 발전을 위해 대외적으로도 다양한 정부 기관과 협업하고 있다. 출처: 정임숙·김참이(2019), 「이탈리아에서의 한국학 동향과 전망」, 351쪽.	1) 정임숙·김참이(2019:351)는 시에나 대학이 한국어 과정을 특화하기 위한 노력과 더불어 다양한 정부 기관과의 협업을 통해 한국학 과정의 균형적인 발전을 모색하고 있다고 하였다. 2) 시에나 대학은 대내적으로는 한국어 과정을 특화하고 대외적으로는 다양한 정부 기관과의 협업을 통해 한국학 과정의 균형적인 발전을 꾀하고 있다 (정임숙·김참이, 2019:351).

원문	바꿔 쓰기 후
'Books on Korea'를 통해 기증받은 도서들은 한국학 전공생들이 한국어와 한국문화에 대한 지식을 쌓고 실력을 향상시킬 수 있는 중요한 자료가 될 뿐만 아니라 한국학에 관심 있는 타과 학생들에게도 큰 도움이 되고 있다. 출처: 정임숙·김참이(2019), 「이탈리아에서의 한국학 동향과 전망」, 351쪽.	1) 정임숙·김참이(2019:351)는 2) (정임숙·김참이, 2019:351).

2. 다음 문단을 두 가지 방식으로 간접 인용해 보십시오.

> 제2차 세계대전 이후 역사와 정치에 초점을 둔 본격적인 한국학 연구가 시작되었다. 1958년 나폴리 동양학 대학교에서 처음으로 한국어 강의가 시작된 이래 초기 학자들의 노력과 지속적인 한국 정부의 지원으로 꾸준하게 한국학이 발전되어 왔다. 1990년대 중반까지 나폴리 동양학 대학교를 제외하면 한국학을 공부할 수 있는 곳은 거의 없었으나 2000년대를 전후하여 한국 정부 기관의 후원으로 이탈리아 내 한국학이 질적으로나 양적으로 크게 성장할 수 있었다.
>
> 출처: 정임숙·김참이(2019), 「이탈리아에서의 한국학 동향과 전망」, 340쪽.

연구자(연도:페이지)은/는…

…(연구자, 연도:페이지).

활용하기

🏠 여러분이 찾은 참고문헌에서 인용하고 싶은 부분을 찾아 바꿔 쓴 후 두 가지 방식으로 간접 인용해 보십시오.

<원문>

연구자(연도:페이지)은/는…

…(연구자, 연도:페이지).

제7강

서론 쓰기

1차시 서론의 구조

2차시 서론의 표현

3차시 서론 쓰기

1차시 서론의 구조

준비하기

1. 다음 중 서론에 포함되어야 할 내용을 5개 고르십시오.

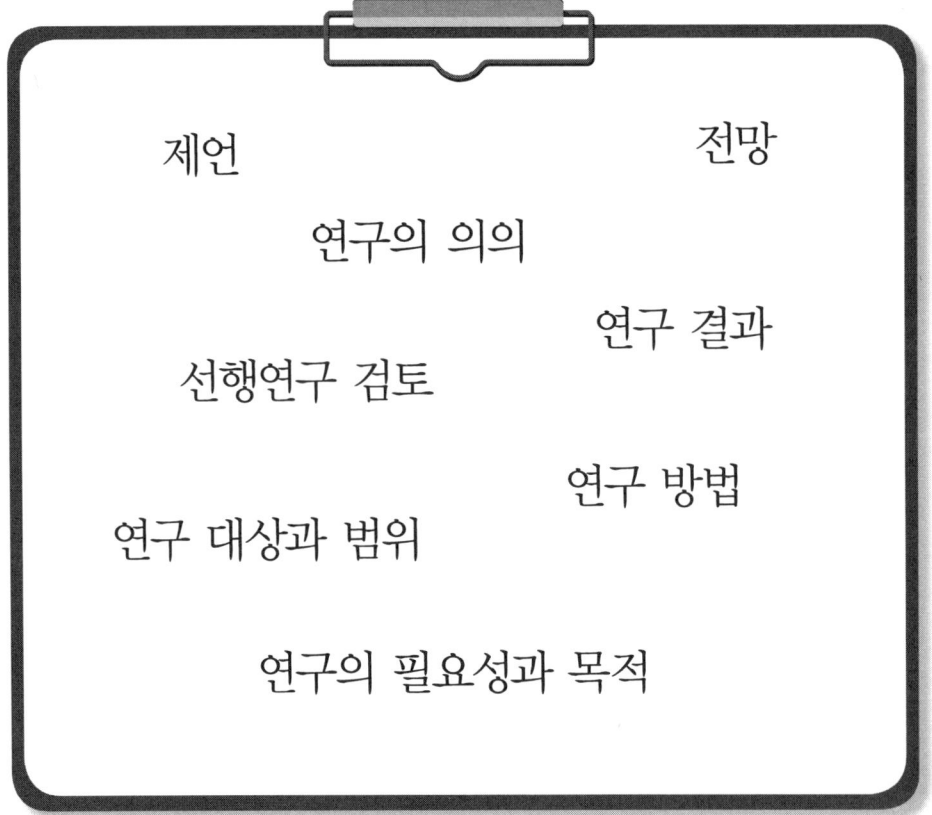

2. 서론은 어떤 순서로 작성해야 합니까?

이해하기

서론의 내용 구성 요소

1) 연구의 필요성 및 목적

   ☑ 연구의 배경을 설명한다.
   ☑ 연구의 필요성을 제시한다.
   ☑ 연구의 목적을 제시한다.

2) 선행연구

   ☑ 선행연구를 검토하여 정리한다.
   ☑ 선행연구의 부족한 점을 제시한다.

3) 연구의 특징

   ☑ 연구 대상과 범위를 밝힌다.
   ☑ 연구 방법을 밝힌다.
   ☑ 연구의 의의를 밝힌다.

연습하기

🏛 다음에 제시된 글을 보고 논문의 서론을 올바르게 구성해 보십시오.

①	학습자의 한국 생활 적응에 관한 연구로 이민호(2003), 김수지(2010), 이동욱(2015) 등이 있으나 선행연구가 많지 않고, 특히 초기 한국어 학습자의 한국 생활 적응과 관련한 연구는 거의 이루어지지 않았다.
②	통계청 조사에 따르면 1980년대 이후 외국인 근로자가 한국으로 유입되기 시작하면서 국내 거주 외국인의 수는 꾸준히 늘어나고 있다. 또 한국어 학습을 위해 입국하는 외국인도 2000년대에 이후로 꾸준히 증가하는 추세이다.
③	이를 위해 한국어 능력이 TOPIK 2급 이하이면서 한국에서 거주한 기간이 6개월 이하인 한국어 학습자를 대상으로 연구를 진행하였다.
④	외국인이 언어와 문화가 완전히 다른 환경에 적응하기는 쉽지 않다. 특히 한국에 입국한 지 얼마 되지 않은 학습자의 경우 의사소통 능력 부족으로 한국 생활 적응에 더 큰 어려움을 겪는다.
⑤	이에 본고에서는 초기 한국어 학습자들의 한국 생활 적응에 부정적인 영향을 미치는 요인을 알아보고자 한다.
⑥	본고의 논의는 초기 한국어 학습자의 한국 생활 적응을 도울 수 있는 정책 마련에 참고 자료로 활용할 수 있을 것이다.

> **활용하기**

🏠 여러분 논문의 서론을 어떤 순서로 구성하면 좋을지 생각해 본 후 간략하게 정리해 보십시오.

연구의 배경	예 외국인 유학생 증가세를 보여주는 통계 자료 제시

연구의 목적 및 필요성	예 외국인 유학생의 문화 적응 스트레스가 학업에 악영향을 미치므로 스트레스를 주는 요인이 무엇인지 알아볼 필요가 있다.

선행연구 검토	예 이민호(2003), 김수지(2010), 이동욱(2015)

선행연구의 부족한 점	예 대학에 진학한 유학생의 문화 적응 스트레스에 대한 연구가 거의 없다.

연구의 대상, 범위, 방법	예 대학 1학년-4학년에 재학 중인 중국인 유학생, 문화 적응 스트레스를 측정할 수 있는 설문 조사 실시, 결과에 대한 통계 분석

연구의 의의	예 대학 유학생의 문화 적응 스트레스에 영향을 주는 요인을 밝혀 유학생 지원 프로그램 개발의 기초 자료로 삼을 수 있다.

2차시   서론의 표현

이해하기(1)

🏠 연구의 배경, 연구의 목적과 필요성을 쓸 때 사용하는 표현

내용 구성	표현
연구의 배경	• -에 따르면 -는 추세이다 • -는 경향이 있다 • -는 양상을 보인다 • -는 점이 발견된다 • -을/를 알 수 있다
연구의 목적과 필요성	• 이 글의 목적은 -는 데에 있다 • 본고는 -는 데 목적을 둔다 • -에 대해 살펴보고자 한다/논하겠다/고찰할 것이다 • -기 위해 -이/가 필요하다 • -는 측면에서 연구의 필요성이 제기된다 • -에 대한 논의가 시급하다

> 통계청 조사에 따르면 1980년대 이후 외국인 근로자가 한국으로 유입되기 시작하면서 국내 거주 외국인의 수는 꾸준히 늘어나는 추세이다. 또 한국어 학습을 위해 입국하는 외국인도 2000년대에 이후로 꾸준히 증가하고 있다. 외국인이 언어와 문화가 완전히 다른 환경에 적응하기는 쉽지 않다. 특히 한국에 입국한 지 얼마 되지 않은 학습자의 경우 의사소통 능력 부족으로 한국 생활 적응에 더 큰 어려움을 겪는 경향이 있다. 따라서 본고에서는 초기 한국어 학습자들의 한국 생활 적응에 부정적인 영향을 미치는 요인에 대해 살펴보고자 한다.

연습하기(1)

1. 다음 빈칸에 알맞은 표현을 보기 에서 골라서 써 보십시오.

> 보기
> - –다는 문제가 있다
> - –에 따르면 –는 추세이다
> - –을/를 알 수 있다
> - 이 연구는 –는 데에 목적이 있다
> - –에 관한 연구가 이루어져야 할 필요가 있다

1) 이 연구는 유학생 증가에 따른 문제점을 살피_____.

2) 통계청 조사_____ 전 세계적으로 한류에 대한 관심이 증가하_____.

3) 유학생 증가에 따라 유학생을 대상으로 한 교육 과정 개발_____.

4) 유학생들은 서툰 한국어로 인하여 생활 및 문화 적응에도 어려움을 겪는_____.

5) 외국인 유학생들이 꾸준히 증가하고 있음_____.

2. 여러분 연구의 대표적인 참고문헌에서 서론을 읽고 다음에 해당하는 내용을 찾아 써 보십시오.

출처: _____
연구자(연도), 논문 제목, 학술지 이름, 학술지 권호, 발행기관, 수록 페이지.

• 연구의 배경
  – 연구자는 어떻게 이 연구를 시작하게 되었습니까?
  – 연구자가 이 주제에 관심을 가지게 된 이유는 무엇입니까?

• 연구의 필요성 및 목적
  – 왜 이 연구가 필요합니까?
  – 이 연구의 목적은 무엇입니까?

이해하기(2)

🏠 선행연구를 정리할 때 사용하는 표현

내용 구성	표현
주요 연구 성과 확인	• -에 관한 연구로 A, B, C, D 등이 있다 • A, B, C, D 등에서 -에 대한 연구가 이루어졌다 • 최근의/지금까지/그간의 논의에서는 • -분야의 연구로 -을/를 들 수 있다 • -에 대해서는 -이/가 대표적이다 • 기존 연구 가운데 A가 주목할 만하다
선행연구의 부족한 점 제시 및 연구의 필요성 부각	• 그동안 진행된 연구에서는 A에 대한 논의가 주를 이루고 있다는 아쉬움이 있다 • 지금까지 살펴본 선행연구에서 A에 대한 연구는 드문 편이다 • -에 대한 연구가 있지만, 그 중요성에 비해 연구의 수가 부족한 실정이다 • A를 대상으로 한 연구는 활발히 진행된 반면에 B에 관한 연구는 거의 이루어지지 않았다

학습자의 한국 생활 적응에 관한 연구로 이민호(2003), 김수지(2010), 이동욱(2015) 등이 있다. 그동안 대학에 재학 중인 유학생을 대상으로 한 연구는 활발히 진행된 반면에 초기 한국어 학습자의 한국 생활 적응에 관한 연구는 거의 이루어지지 않았다.

연습하기(2)

1. 다음 빈칸에 알맞은 표현을 보기에서 골라서 써 보십시오.

> **보기**
> - -에 관한 연구로 A, B, C, D 등이 있다.
> - 기존 연구 가운데 A가 주목할 만하다.
> - 그간의 논의에서는
> - 지금까지 살펴본 선행연구에서 A에 대한 논의는 드문 편이다.
> - 그동안 진행된 연구는 A에 대한 논의가 주를 이루고 있다는 아쉬움이 있다.

1) 기존 연구 _____ 홍길동(2013) _____.

2) _____ 유학생의 한국 생활 적응에 대한 논의가 _____.

3) 지금까지 _____ 외국인 유학생의 대학 생활에 대한 _____.

4) 외국인 유학생의 대학 생활 적응 _____ 홍길동(2013), 황진이(2012), 심청(2011) _____.

5) _____ 대학에 재학 중인 유학생의 한국 생활 적응에 대한 논의가 주로 이루어졌다.

2. 여러분 연구의 대표적인 참고문헌에서 다음에 해당하는 내용을 찾아 써 보십시오.

출처: _____
연구자(연도), 논문 제목, 학술지 이름, 학술지 권호, 발행기관, 수록 페이지.

- 주요 연구 성과 확인
  - 여러분이 찾은 연구 분야의 주요 성과는 무엇입니까?
  - 연구 동향은 어떠합니까?

- 선행연구의 부족한 점 제시 및 연구의 필요성 부각
  - 선행연구에서 부족한 점은 무엇입니까?
  - 앞으로 더 필요한 연구는 무엇입니까?

이해하기(3)

🏠 연구 대상과 범위, 방법, 연구의 의의를 쓸 때 사용하는 표현

내용 구성	표현
연구의 대상과 범위	• 이 연구의 분석 대상은 -이다 • 이 연구의 대상을 -(으)로 선정하였다 • -(으)로 대상을 한정하여 살펴보았다 • 이 연구는 -을/를 대상으로 진행하였다 • 이 연구에서 중점적으로 살피고자 하는 대상은 -이다
연구의 방법	• -의 방법론에 따라 연구를 진행할 것이다 • -을/를 통해 연구를 진행하고자 한다 • 이 연구에서는 -방법을 사용해 자료를 분석하였다 • 첫째 -고, 이어서 -을/를 한 후 마지막으로 -을 것이다
연구의 의의	• 이 연구는 -다는 점에서 의의가 있다 • 이 연구를 통해 -을 수 있을 것이다

본고에서는 한국어 능력이 TOPIK 2급 이하이면서 한국에 거주한 기간이 6개월 이하인 한국어 학습자를 대상으로 연구를 진행하였다. 연구를 위해 학습자 50명을 모집하여 구글 설문지와 이메일을 통해 설문 조사를 진행하였으며, 설문 결과는 SPSS를 사용해 통계 분석하였다. 이 연구의 결과는 초기 한국어 학습자의 한국 생활 적응을 도울 수 있는 정책 마련에 참고 자료로 활용될 수 있을 것이다.

연습하기(3)

1. 다음 빈칸에 알맞은 표현을 보기 에서 골라서 써 보십시오.

> 보기
> - –을/를 적용하여 자료를 분석하고자 한다
> - –을/를 대상으로 연구를 진행하고자 한다
> - –(으)로 대상을 한정하여 살펴보았다
> - 이 연구의 대상을 –(으)로 선정하였다
> - 첫째 –고, 이어서 –을/를 한 후 마지막으로 –을 것이다

1) 한국 문화에 대한 인식을 살펴보기 위해 외국인 유학생 _____.

2) _____ 한국에 거주하고 있는 외국인 유학생 _____.

3) _____, 예비조사를 하_____, _____ 본 조사 _____ 심층 면담을 진행 _____.

4) SPSS 프로그램을 이용한 양적 연구 방법 _____.

5) 한국에 거주한 경험이 있는 한국어 학습자 _____.

2. 여러분 연구의 대표적인 참고문헌에서 다음에 해당하는 내용을 찾아 써 보십시오.

출처:
연구자(연도), 논문 제목, 학술지 이름, 학술지 권호, 발행기관, 수록 페이지.

- 연구의 대상과 범위
    - 연구의 대상은 누구입니까/무엇입니까?
    - 조사 대상은 몇 명입니까/얼마나 됩니까?

- 연구 방법
    - 어떤 방법으로 연구를 했습니까? (설문 조사, 실험, 면담 등)
    - 연구의 결과를 어떻게 분석했습니까? (양적 분석, 질적 분석)

- 연구의 의의
    - 이 연구는 다른 연구와 무엇이 다릅니까?
    - 연구의 결과를 어떻게 활용할 수 있습니까?

3차시　서론 쓰기

🏠 우리가 공부한 표현을 이용해 여러분 논문의 서론에 들어갈 내용을 써 보십시오.

내용 구성	표현
연구의 배경	• -에 따르면 -는 추세이다 • -는 양상을 보인다 • -임을/는 것을 알 수 있다
연구의 목적과 필요성	• 이 글의 목적은 -는 데에 있다 • -에 대해 살펴보고자 한다/논하겠다/고찰할 것이다 • -기 위해 -이/가 필요하다 • -는 측면에서 연구의 필요성이 제기된다
선행연구	• -에 관한 연구로 A, B, C, D 등이 있다 • 최근의/지금까지/그간의 논의에서는 • 기존 연구 가운데 A가 주목할 만하다 • 지금까지 살펴본 선행연구에서 B에 대한 연구는 드문 편이다 • -에 대한 연구가 있지만, 그 중요성에 비해 연구의 수가 부족한 실정이다

연구의 대상과 범위	• 이 연구의 대상은 –이다 • 이 연구의 대상을 –(으)로 선정하였다 • 이 연구에서 중점적으로 살피고자 하는 대상은 –이다
연구 방법	• –의 방법론에 따라 연구를 진행할 것이다 • –을/를 통해 연구를 진행하고자 한다 • 이 연구에서는 –방법을 사용해 자료를 분석하였다
연구의 의의	• 이 연구는 –다는 점에서 의의가 있다 • 이 연구를 통해 –을 수 있을 것이다

제8강

본론 쓰기 I

1차시 접속 표현

2차시 연구 방법에 따른 표현

3차시 내용 전개에 따른 표현

1차시 접속 표현

준비하기

🏠 빈칸에 들어갈 알맞은 말을 [보기]에서 골라서 써 보십시오.

보기				
그러므로	예를 들면	왜냐하면	다시 말해	반면에

1) 인간은 말을 한다. _____ 동물과 구별된다.

2) 다이어트가 꼭 나쁜 것은 아니다. _____ 건강이 안 좋은 사람들은 건강을 되찾기 위해 다이어트를 하기도 한다.

3) 나는 그 결과에 후회하지 않았다. _____ 나는 최선을 다 했기 때문이다.

4) 그 회사는 대우가 좋다. _____ 야근을 자주 해야 한다.

5) 무엇을 하든지 꾸준히 열심히 하는 것, _____ 성실이 가장 큰 경쟁력이다.

> 이해하기

접속 표현

접속 표현	
순서(→)	우선, 다음으로, 끝으로, 첫째, 둘째, 마지막으로
	예 우선 문화 차이에 대해 논의하고자 한다.
인과	따라서, 그러므로, 왜냐하면 -기 때문이다
	예 글쓰기는 자신을 드러내는 좋은 방법이다. <u>왜냐하면</u> 글쓰기를 통해 자신의 생각을 체계적으로 표현할 수 있<u>기 때문이다</u>.
첨가(+)	그리고, 또, 또한, 게다가, 그뿐만 아니라
	예 고객을 많이 모으려면 좋은 상품을 선정하여 보기 좋게 진열해야 한다. <u>그뿐만 아니라</u> 친절한 서비스를 제공해야 한다.
부연(+)	즉, 다시 말해
	예 방송 미디어의 경쟁력을 높이기 위해서는 규제 완화가 필요하다. <u>다시 말해</u> 규제 완화를 통해 각 방송사가 질 좋은 프로그램을 만들도록 유도할 수 있다.
대조(↔)	그렇지만, 하지만, 그러나, 반대로, 반면에, -은/는 반면에
	예 최근 한국 경제는 수입은 증가하<u>는 반면에</u> 수출은 감소하고 있다.
강조(★)	무엇보다, 특히, 가장 중요한 것은
	예 이를 위해서는 <u>무엇보다</u> 기업들이 앞장서서 학력, 승진, 임금에서의 차별을 없애야 한다.
예시	예를 들어, 예를 들면, 일례로, 예컨대, 가령
	예 스마트폰은 우리 생활에 많은 변화를 가져왔다. <u>예를 들면</u> 은행 업무, 독서, 채팅, 선물 등을 휴대 전화 하나로 해결할 수 있게 되었다.
요약	정리하자면, 이처럼, 지금까지, 요컨대
	예 <u>정리하자면</u>, 논설문이란 어떤 주제에 관하여 자기의 생각이나 주장을 체계적으로 밝혀 쓴 글이라고 할 수 있다.

> 연습하기

1. 다음 빈칸에 알맞은 접속 표현을 골라서 써 보십시오.

| 특히 | 그러나 | 그래서 | 왜냐하면 |

많은 대학에서 유학생 전용 글쓰기 수업을 개설하여 운영하고 있다. ① _____ 유학생들이 대학에서 성공적으로 학업을 수행하기 위해서는 학술적 글쓰기 능력을 기르는 것이 필수적이기 때문이다. ② _____ 대학원 과정의 경우 보고서와 논문을 써야 하므로 학술적 글쓰기 교육이 반드시 이루어져야 한다. ③ _____ 수업이 이루어지더라도 교육 시간이 길지 않아서 글쓰기에 어려움을 겪는 학생들이 많다.

2. 밑줄 친 부분과 의미가 비슷한 접속 표현을 골라서 써 보십시오.

| 먼저 | 또한 | 하지만 | 무엇보다 | 그러므로 |

많은 대학에서 유학생들을 문화 적응 프로그램이나 동아리 활동 등에 참여하게 한다. ① <u>특히</u> 같은 나라에서 온 유학생들끼리 하는 동아리 활동은 이들의 한국 생활 적응에 중요한 역할을 할 수 있다. ② <u>그러나</u> 한국 학생들과 활발히 교류하는 것이 문화 적응에 더 큰 도움을 줄 수 있다. ③ <u>따라서</u> 대학에서는 유학생들이 한국 학생들과 교류할 기회를 더 많이 제공할 필요가 있다.

① 특히 ➡ _____
② 그러나 ➡ _____
③ 따라서 ➡ _____

> 활용하기

🏠 다음의 표현을 사용하여 여러분 논문에 들어갈 문장을 써 보십시오.

| 먼저 | 또한 | 다시 말해 | 예컨대 |
| 반면에 | 무엇보다 | 이처럼 | 그러므로 |

1) ....

2) ....

3) ....

4) ....

5) ....

2차시 연구 방법에 따른 표현

준비하기

1. 빈칸에 들어갈 알맞은 표현을 보기 에서 골라서 써 보십시오.

> 보기
> - -(이)란 -을/를 말한다
> - -다고 응답하였다
> - -을/를 대상으로 이루어졌다
> - -을/를 사용하여 분석되었다
> - -을/를 알아보기 위해 -을/를 실시하였다

1) 동기   어떤 일이나 행동을 하게 만드는 계기   .

2) 이 연구는 교환 학생 경험이 있는 학생 150명   .

3) 설문 대상자의 95%가 논문 작성 수업이 필요하   .

4) 이 연구에서는 학습 동기가 목표어 습득에 어떤 영향을 미치는지
   학습자들을 대상으로 심층 면담   .

5) 수집된 자료는 SPSS   .

> 이해하기

연구 방법에 따른 표현

1) 문헌 연구

	표현
용어의 정의 및 개념 설명	• -은/는 -을/를 말한다 • -(이)란 -을/를 의미한다 • 본고/본/이 연구/논문에서는 -을/를 -(이)라고/(으)로 정의하였다

2) 조사 연구

	표현
조사 대상	• 본 연구/조사/면담은 -을/를 대상으로 하였다 • 본 연구/조사/면담의 대상은 -이다
조사 방법 및 내용	• -을/를 통해 조사하였다 • 자료 수집 방법은 -을/를 사용하였다 • 총 OO부의 -을/를 배포하여 OO부를 분석하였다 • 설문/면담 결과는 -을/를 활용하여 정리하였다
조사 결과	• 조사 결과는 그래프/표/그림으로 제시하였다 • 조사 결과는 아래와 같이 나타났다 • -은/는 -(이)라고 응답하였다
조사 결과 해석	• -다는 것을 알 수 있다 • -인 것으로 보인다/판단된다

3) 분석 연구

	표현
분석 대상	• 연구/분석 대상은 -이다 • -을/를 분석 대상으로 선정하였다
분석 방법 및 내용	• -(으)로 나누어 분류하였다 • -을/를 -의 범주로 분류하였다
분석 결과	• 분석 결과에 따르면 -은/는 -이다 • -하는 양상을 보이기도 하였다 • -이/가 많이 나타났다
분석 결과 해석	• -을/를 통해 -을/를 알 수 있었다 • -이/가 문제점으로 나타났다

4) 실험 연구

	표현
실험 대상	• -을/를 연구/실험 대상으로 설정/선정하였다
실험 방법 및 내용	• -을/를 알아보기/조사하기 위해 -을/를 실시/제작/설정하였다
실험 도구	• -을/를 사용하여 분석/측정/실험하였다 • -을/를 사용해 통계 처리하였다 • 본 연구에서 -하기 위해 사용한 도구는 -이다
실험 결과	• -은/는 -다고 응답했다 • -는 결과를 보였다 • -다는 연구/실험 결과가 나타났다
실험 결과 해석	• 결과를 살펴보면 -와/과 같다 • -이/가 유의미한 관계가 있음이 나타났다

연습하기

1. 다음 빈칸에 알맞은 표현을 골라서 써 보십시오.

```
-을/를 조사하였다          - 을/를 대상으로 연구를 수행하였다
-다고 답했다               - (으)로 나타났다
```

① 이 연구에서는 외국인 어투에 대한 한국 대학생들의 언어 태도 _____. ② 현재 A 대학에 재학 중인 대학생 50명 _____. ③ 연구 결과 '대화 기회'에 대한 질문에서 76%의 학생들이 외국인과 대화할 기회가 거의 없_____. 그러나 매주 대화를 나눈다고 응답한 학생들도 24%에 달했다. ④ '대화 시 언어'는 50%가 한국어, 38%가 영어, 8%가 한국어와 영어를 혼용하는 것_____.

백승주(2020), 「외국인 어투에 대한 한국인 여자 대학생의 언어 태도 연구」에서 발췌 및 수정

2. 밑줄 친 부분과 의미가 비슷한 표현을 골라서 써 보십시오.

- 본 연구는 -을/를 대상으로 하였다
- -는 것으로 보인다
- 자료 수집을 위해 -을/를 이용하였다

1) 본 연구의 참여자는 국내 대학원에 재학 중인 외국인 유학생들이다.

2) 이메일을 통해 응답을 수집하였다.

3) 이를 통해 외국인 대학원생을 대상으로 한 논문 쓰기 수업이 필요하다는 것을 알 수 있다.

활용하기

🏠 우리가 공부한 표현을 사용하여 논문의 본론에 들어갈 문장을 써 보십시오.

1) 용어의 정의 및 개념 설명

....

....

2) 연구 대상

....

....

3) 연구 방법 및 내용

....

....

4) 연구 결과

....

....

5) 연구 결과 해석

....

....

3차시 내용 전개에 따른 표현

준비하기

🏠 빈칸에 들어갈 알맞은 표현을 보기 에서 골라서 써 보십시오.

> **보기**
> - 첫째, 둘째, 셋째
> - 다음 〈표〉는 −이다
> - 지금까지 살펴본 바에 의하면
> - 〈표〉를 통해 −을/를 확인할 수 있다
> - 다음의 순서로 논의를 전개하고자 한다

1) _____ 한국어 학습자들의 학습 동기를 조사한 결과 _____ .

2) _____ . 먼저 한국어 학습자들의 학습 동기를 조사할 것이다. 다음으로 학습 동기가 낮아지거나 없어진 계기를 분석할 것이다.

3) _____ 집단별로 한국어 학습 동기에 유의한 차이가 있다는 것 _____ .

4) _____ 성별, 연령, 학습자 모어에 따라 한국어 학습 동기에 유의미한 차이를 보이는 것으로 나타났다.

5) _____ 학습자의 성별에 따라서 학습 동기에 차이가 있는지를 분석하였다. _____ 학습자의 모어에 따라서 학습 동기에 차이가 있는지를 분석하였다. _____ 학습자의 연령에 따라서 학습 동기에 차이가 있는지를 분석하였다.

> 이해하기

내용 전개 방식에 따른 표현

	표현
소주제 제시	• 본/이 장/절에서는 −을/를 제시할/살펴볼 것이다 • 다음 장/절에서는 −을/를 알아/제시해/모색해/정리해 보고자 한다
인용	• 연구자(연도)은/는/에서/에서는 −을/를 조사/제언/파악/주장하였다 • 연구자(연도)은/는/에서/에서는 −에 대해 논의/언급/강조하였다 • −에 대해 분석한 연구자(연도)의 연구를 살펴보면 • −에 대한 연구는 연구자(연도)이/가 있다
나열	• 첫째, 둘째, 셋째 • 먼저, 다음으로, 마지막으로 • 그리고, 또한, 등, 및, 더불어, 아울러, 그 밖에 • −은/는 A, B, C이다
예시	• 예컨대/예를 들어/예를 들면 다음과 같다 • −의 예로는 −이/가 있다
표 및 그림 설명하기	• 결과는 다음/아래 〈표/그림〉와/과 같다 • −을/를 정리하면 〈표/그림〉와/과 같다 • 〈표/그림〉에서 보는 바와 같이 • 〈표/그림〉에 나타난 것처럼 • 〈표/그림〉을/를 보면 −을/를 알 수 있는데 • −을/를 살펴본 결과 −을/를 알 수 있다
소결론	• 이상에서/지금까지 살펴본 바와 같이/바에 의하면/바에 따르면 • 이상으로/지금까지 −에 대해 살펴/알아/고찰해 보았다

> 연습하기

1. 다음 빈칸에 알맞은 표현을 보기 에서 골라서 써 보십시오.

   보기

   | -을/를 강조하였다 | 예를 들면 다음과 같다 |
   | -에서 보는 바와 같이 | -에서는 -을/를 조사하였다 |

   1)
   ① 최지영(2021)_____ 외국인 대학원생들이 학술적 표현을 얼마나 잘 인식하고 있는지 _____. 연구 결과 학생들은 학술 논문에 어울리는 표현을 명확히 알지 못하고 있었다. 특히 한국어로 논문을 작성한 경험이 있는 학생들도 논문에 쓸 수 있는 학술적 표현에 대한 인식이 부족하였다. ② 이를 통해 외국인 대학원생을 대상으로 한 별도의 논문 쓰기 교육이 이루어져야 할 필요가 있음_____.

   2)
   ① 〈그림 1〉_____ 많은 학생이 학술적이지 않은 어휘를 사용하고 있었다. 학생들은 구어에서 주로 사용되는 어휘나 중국식 한자 표현을 학술어휘라고 생각하는 경우가 많았다. 또 학술어휘라고 생각하는 단어가 해당 전공 영역에서 사용되지 않는 비전문어인 경우도 나타났다. ② 이에 해당하는 _____.

2. 밑줄 친 부분과 의미가 비슷한 표현을 보기 에서 골라서 써 보십시오.

> 보기
> - 먼저, 다음으로, 마지막으로
> - -에 나타난 것처럼 -을/를 알 수 있다
> - -을/를 살펴보고자 한다
> - 지금까지 살펴본 바에 따르면
> - 연구자(연도)에서는 -을/를 조사하였다

1) 이 연구에서는 '외국인 어투(foreign accent)'에 대한 한국인들의 언어 태도를 알아보고자 한다.

2) 첫째, 외국인 어투를 듣고 화자의 모어를 인식할 수 없는 경우이다. 둘째, 외국인 어투를 듣고 화자의 모어를 구분하고 이에 따라 다른 태도를 보이는 경우이다. 셋째, 화자의 모어를 구분하지 못하지만, 외국인 어투를 무의식적이나마 인식하는 경우이다.

3) 위의 표에서 보는 바와 같이 약 22%의 대학생들은 주 3회 이상의 빈도로 외국인 유학생들을 만나고 있었다.

4) 이상에서 살펴본 바와 같이 한국 대학생들은 특정 외국인 어투를 사용하는 화자의 모어가 무엇인지 정확하게 인식하지 못하였다.

5) 외국인 어투에 대한 한국 대학생들의 언어 태도를 분석한 연구는 백승주(2020)가 있다.

활용하기

🏠 우리가 공부한 표현을 사용하여 논문의 본론에 들어갈 문장을 써 보십시오.

1) 소주제 제시

2) 인용

3) 나열

4) 예시

5) 표 및 그림 설명하기

6) 소결론

제9강

본론 쓰기 Ⅱ

1차시 논증하기

2차시 논리 전개하기

3차시 논문에 어울리는 표현

1차시 논증하기

준비하기

🏛 다음 글은 논리적입니까? 그렇게 생각하는 이유는 무엇인지 이야기해 보십시오.

1)
> 운전 중에 휴대 전화를 사용하면 주의력이 분산되어 반응 속도가 느려진다. 그렇게 되면 돌발 상황에 대처가 늦어져 사고로 이어질 가능성이 크다. 그러므로 운전 중에는 휴대 전화를 사용하지 않아야 한다. 음주 운전을 하는 것도 위험하다.

2)
> 최근 직업에 대한 가치관이 바뀌고 있다. 평생 한 직장에 다녀야 한다거나 개인 생활보다 직장 생활을 더 중시한다거나 하는 의식이 약해지고 있다. 직업을 선택할 때도 그 직업에 대한 사회적 평가보다는 자신의 적성에 맞는지를 더 중요하게 생각하는 경우가 많아졌다. 직업 선택에서 무엇보다도 개인의 만족을 중시하게 된 것이다.

3)
> 목표를 효과적으로 이루기 위해서는 구체적으로 계획을 세우는 것이 좋다. 그렇지만 구체적인 계획을 세우면 실천 가능한 계획을 세울 수 있다. '책 많이 읽기'라는 목표를 '일주일에 한 권 읽기'나 '하루에 50쪽씩 읽기'와 같이 구체적으로 계획을 세우면 더 쉽게 목표를 달성할 수 있다.

> 이해하기

논증하기

- ☑ 논증은 일정한 근거를 바탕으로 자신의 주장을 펼쳐 독자를 합리적으로 설득하는 것이다.
- ☑ 주장에 대한 정확하고 다양한 근거를 제시하여 설득력을 높여야 한다.
- ☑ 주장에 대한 근거를 제시하거나 문제점에 대한 해결 방안을 제시하여 논증할 수 있다.

> 연습하기

🏠 다음 근거에 대한 주장으로 알맞은 것을 고르십시오.

1)
근거	1. 사람의 첫인상은 순간적인 판단에 의해 결정되기 때문에 항상 신뢰할 수 있는 것이 아니다. 2. 겉으로 보이는 첫인상보다 보이지 않는 사람의 마음이나 성격 등이 더 중요하다.
주장	☐ 첫인상만으로 사람을 판단해서는 안 된다. ☐ 다른 사람에게 좋은 첫인상을 주기 위해 노력해야 한다.

2)
근거	1. 어릴 때 외국어를 배우기 시작하는 경우 성인이 되어 배우는 것보다 빨리 배울 수 있다. 2. 학습에 대한 부담감이 없어서 자연스럽게 외국어를 습득할 수 있다.
주장	☐ 외국어 교육은 어렸을 때 시작해야 한다. ☐ 너무 어린 나이에 외국어 교육을 시작하는 것은 좋지 않다.

3)
근거	1. CCTV는 일상생활 속에서 일어나는 여러 사건, 사고를 해결하는 데 중요한 역할을 하고 있다. 2. CCTV를 설치하면 범죄를 예방하는 데 큰 효과가 있다.
주장	☐ 사회 안전을 위해 CCTV 설치를 확대해야 한다. ☐ 사생활 노출을 막기 위해 CCTV 설치를 막아야 한다.

> **활용하기**

🏠 다음 문제점에 대한 해결 방안을 제시해 보십시오.

1)

문제점	최근 데이트 폭력 범죄가 늘어나고 있다.
해결 방안	1. 2.

2)

문제점	1인 가구 증가, 배달 서비스 증가 등 생활방식이 달라지면서 일회용품 사용이 증가하고 있다.
해결 방안	1. 2.

2차시   논리 전개하기

준비하기

🔸 다음은 '외국인 유학생들이 수업에서 어려움을 느끼는 요인'에 대해 설문 조사를 한 결과입니다. 〈표 1〉을 바탕으로 외국인 유학생 집단별로 수업을 어렵게 느끼는 요인이 무엇인지 살펴보고, 이에 대한 해결 방안을 제시해 보십시오.

〈표 1〉 외국인 유학생 집단별 수업에서 어려움을 느끼는 요인

과정	수업에서 어려움을 느끼는 요인						총계
	한국어 능력 부족	영어 능력 부족	기초 학습 부족	빠른 수업 진행 속도	어려운 전공 내용	기타	
학부	26	3	12	3	3	3	50
대학원생	17	8	2	2	20	1	50
교환 학생	28	2	8	6	4	2	50
합계	71	13	22	11	27	6	150

1) 외국인 유학생이 수업을 어렵게 느끼는 요인은 무엇입니까? 순서대로 이야기해 보십시오.

2) 외국인 유학생 집단별로 수업에서 어려움을 느끼는 요인에 차이가 있습니까? 왜 이런 차이가 나타난다고 생각합니까?

> 연습하기

1. 앞에서 제시한 조사 결과를 바탕으로 다음 내용을 정리해 보십시오.

   1) 연구 문제

   ① 외국인 유학생이 수업에서 어려움을 느끼는 요인은 무엇인가?

   ② 유학생 집단별로 수업에서 어려움을 느끼는 요인에 차이가 있는가?
   그 이유는 무엇인가?

   2) 연구 대상

   3) 연구 방법

   4) 결과 정리

2. 앞에서 제시한 조사 결과를 바탕으로 해결 방안과 근거를 제시해 보십시오.

해결 방안	
	해결 방안①: 대학 입학 전형에서 TOPIK 4급 이상의 자격을 갖춘 학생을 선발한다. ➡ 근거①: 학부생 중에는 '한국어 능력 부족' 때문에 수업에서 어려움을 느낀다고 응답한 학생들이 가장 많았기 때문이다. 해결 방안②: 학부나 대학원에 진학한 후에도 대학에서 한국어 교육을 받을 수 있게 한다. ➡ 근거②: 해결 방안③: 교환 학생에게 맞는 수업을 제공한다. ➡ 근거③:

3. 앞에서 제시한 내용을 참고해서 〈외국인 유학생이 수업에서 어려움을 느끼는 요인과 해결 방안〉에 대한 글을 완성해 보십시오.

〈외국인 유학생이 수업에서 어려움을 느끼는 요인과 해결 방안〉

외국인 유학생 150명을 대상으로 수업에서 어려움을 느끼는 요인을 조사하였다. 조사 결과 한국어 능력 부족으로 어려움을 겪는다고 응답한 학생들이 가장 많았다. 다음으로 전공 내용이 어려워서, 기초 학습이 부족해서, 수업 진행 속도가 빨라서, 영어 능력이 부족해서 수업에 어려움을 느끼는 것으로 나타났다.

집단별로 어떤 차이가 있는지 살펴보면 학부생의 경우

대학원생의 경우

교환 학생의 경우

외국인 유학생들이 수업에서 느끼는 어려움을 해소하기 위해서는 집단별로 다음과 같은 해결 방안이 필요하다. 먼저 대학 입학 전형에서 TOPIK 4급 이상의 자격을 갖춘 학생을 선발해야 한다. 절반 이상의 학부 유학생들이 한국어 능력이 부족해서 수업을 이해하지 못하는 것으로 나타났기 때문이다. 또한 학부나 대학원에 진학한 후에도 대학에서 지속해서 한국어 교육을 받을 수 있도록 지원할 필요가 있다.

마지막으로 교환 학생들에게 맞는 수업을 제공해야 한다.

활용하기

🏠 여러분의 연구에서 논증하고자 하는 것은 무엇입니까? 어떤 근거를 들어 주장을 강화하고자 합니까?

제목: _____

1) 연구 문제

_____

_____

2) 현상 제시

_____

_____

3) 원인 찾기

_____

_____

4) 분석하기

_____

_____

5) 해결 방안/개선 방안

_____

_____

3차시　논문에 어울리는 표현

준비하기

🏠 다음 글에서 논문에 적절하지 않다고 생각하는 표현을 찾아보십시오.

> 먼저 한국어 능력이 외국인 유학생 적응의 가장 중요한 요인으로 꼽힌다. 한국어 능력은 학업 적응과도 밀접한 관련이 있으므로 유학의 목적이랑 직접적으로 연결되는 중요한 문제이다. 그리고 재정 문제 역시 외국인 유학생들이 초기 적응 과정에서부터 겪는 매우 큰 어려움 중 하나로 나타났다. 그래 가지고 알바를 하는 유학생들이 많은데 합법적 기준에 따른 알바는 돈을 얼마 못 버니까 유학생들이 한국의 높은 생활비에 심적 부담을 엄청 느끼는 것으로 나타났다. 마지막으로 한국 학생이나 교수와의 관계를 포함한 인간관계 역시 유학생들의 대학 생활 적응에 진짜 큰 영향을 미치는 것 같다.

> 이해하기

논문에 어울리는 표현

학술 어휘	[O] 언급하다, 설명하다, 발견하다, 고찰하다, 모색하다, 기술하다 [X] 말하다, 이야기하다, 알다, 생각하다, 찾다, 쓰다
3인칭 필자 지칭 표현	[O] 이 논문, 본고, 본 연구, 필자, 연구자, 여기 [X] 나, 저
문어체 조사	[O] 에게, 에게서, 와/과, 의, 을/를 [X] 한테, 한테서, (이)랑, 하고
문어체 부사	[O] 가장, 매우, 무척, 반드시, 그러나, 그렇지만, 즉, 또한, 및, 따라서, 그러므로 [X] 제일, 엄청, 진짜, 되게, 정말, 꼭, 그러니까, 근데
문어체 어미	[O] -기 때문에, -(으)므로, 때문에, -지만, -(으)니만큼, -아, -(으)며 [X] -(으)니까, -더니, -길래, -느라고, -어 가지고
장형 부정문	[O] -지 않다 [X] 안
객관적 표현	[O] -다고/라고 하겠다, -다고 생각되다/보이다/판단되다 [X] -고 싶다, -것 같다
완화 표현	• 거의, 주로, 다소, 비교적 • 일반적으로, 대체로, 보편적으로 • -을 수 있다, -이기도 하다
줄임말 X	[O] 아르바이트, 놓은, 것이다 [X] 알바, 논, 거다
조사 생략 X	[O] 지원자들은 면접을 보기 전에 서류 전형을 거친다. [X] 지원자 면접 보기 전 서류 전형 거친다.

> **연습하기(1)**

🏠 다음에서 논문에 더 적절한 글을 찾아보십시오. 그렇게 생각하는 이유는 무엇입니까?

1)

> (1) 본고의 목적은 외국인 유학생의 한국 문화 적응 현황과 문화 적응 프로그램에 대한 학습자 요구를 분석하는 것이다. 학습자 현황 및 요구 분석을 위해 본 연구자가 개발한 한국 문화 적응 척도를 활용하여 문화 교육 프로그램 설계의 방향성을 모색하고자 한다.
>
> (2) 이 글을 쓰는 목적은 외국인 유학생의 한국 문화 적응 현황하고 문화 적응 프로그램에 대한 학습자 요구를 분석하는 거다. 학습자 현황 및 요구 분석을 위해 내가 개발한 한국 문화 적응 척도를 활용해 문화 교육 프로그램 설계의 방향성을 찾고 싶다.

☐ (1)이 적절하다   ☐ (2)가 적절하다

2)

> (1) 외국인 유학생이랑 한국인 대학생이 함께 거주하고 있는 기숙사를 대상으로 거주 평가를 하려고 유학생 수용률이 높은 대학들을 1차 대상지로 골랐다.
>
> (2) 외국인 유학생과 한국인 대학생이 함께 거주하고 있는 기숙사를 대상으로 거주 평가를 하기 위해 유학생 수용률이 높은 대학들을 1차 대상지로 선정하였다.

☐ (1)이 적절하다   ☐ (2)가 적절하다

3)

> (1) 그동안의 선행연구들은 외국인 유학생의 문화 적응과 대학 생활 적응에 영향을 미치는 요인이 뭔지 알아내는 데에 주목해 왔다. 근데 외국인 유학생의 관점에서 그들의 인식과 경험을 반영한 논의는 거의 안 이루어졌다.
>
> (2) 그동안의 선행연구들은 외국인 유학생의 문화 적응과 대학 생활 적응에 영향을 미치는 요인을 밝히는 데에 주목해 왔다. 이에 반해 외국인 유학생의 관점에서 그들의 인식과 경험을 반영한 논의는 거의 이루어지지 않았다.

☐ (1)이 적절하다   ☐ (2)가 적절하다

4)

> (1) 한국 대학에서 유학생들이 겪는 학습의 어려움 중 가장 큰 비중을 차지하는 의사소통의 어려움을 해소할 수 있는 학습 지원을 강화해야만 한다. 이를 위해 한국어 학습과 관련한 강습 프로그램이나 스터디 지원을 보다 체계적으로 마련해 주어야 한다.
>
> (2) 한국 대학에서 유학생들이 겪는 학습의 어려움 중 가장 큰 비중을 차지하는 의사소통의 어려움을 해소할 수 있는 학습 지원이 강화될 필요가 있다. 이를 위해 한국어 학습과 관련한 강습 프로그램이나 스터디 지원을 보다 체계적으로 마련해 주어야 할 것으로 보인다.

☐ (1)이 적절하다   ☐ (2)가 적절하다

연습하기 (2)

다음 글에서 논문에 어울리지 않는 표현을 찾아서 고쳐 보십시오.

1) 유아 교육 평생 학습 출발점이며, 유아 교육 기회를 공평하게 확보하는 것 개인과 사회, 국가에 중요한 역할 한다.

2) 그러므로 나는 고전 문학에 대한 관심과 흥미를 유발할 수 있도록 현대적인 소재와 캐릭터를 발굴해서 문화 콘텐츠를 만드는 방안을 제안하고 싶다.

3) 본 논문에서는 한국어 접속 어미 중 일상생활이랑 책에서 많이 나타나는 접속 어미가 뭔지 찾아보고 이에 대응되는 중국어 표현을 연구할 것이다.

4) 좀 무거운 분위기의 이야기라도 있는 그대로를 보여주면 읽는 사람이 그걸 자기 경험과 결합하여 생각해 볼 수 있다.

5) 이 소설의 역자는 이러한 중국어의 특징을 활용하여 대립을 나타냄으로써 작가가 만들고자 했던 분위기를 표현하였다. 즉, 독자가 거부감이나 저항감을 덜 느낄 수 있는 표현을 골라 쓴 것이다.

6) 기존의 연구가 안 많은 만큼 향후 이러한 개념과 규칙에 근거하여 연구가 확장되어야 한다.

활용하기

🏠 여러분이 작성한 논문에서 적절하지 않은 표현을 찾아서 고쳐 보십시오.

수정 전	수정 후

제10강

결론 쓰기

1차시 결론의 구조

2차시 결론의 표현

3차시 결론 쓰기

1차시　결론의 구조

준비하기

1. 다음 중 결론에 포함되어야 할 내용을 5개 고르십시오.

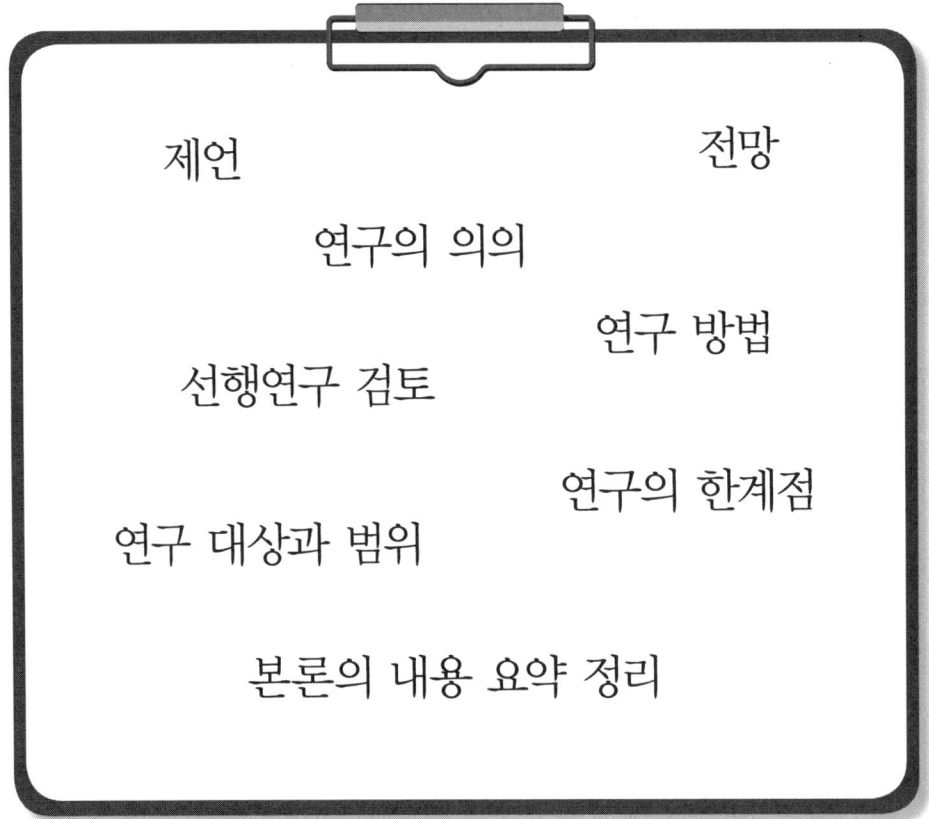

제언　　　　　　　　전망
연구의 의의
　　　　　　　연구 방법
선행연구 검토
　　　　　　　연구의 한계점
연구 대상과 범위

본론의 내용 요약 정리

2. 결론은 어떤 순서로 작성해야 합니까?

> 이해하기

결론의 내용 구성 요소

1) 본론의 내용 요약 정리

- ☑ 독자들이 본론의 내용을 다시 떠올릴 수 있도록 핵심 내용을 요약하여 제시한다.

2) 연구의 의의

- ☑ 연구를 수행하고 얻은 결과가 학문적으로 어떤 의의가 있는지 제시한다.
- ☑ 기존의 연구에서 밝히지 못한 새로운 점이 무엇인지 제시한다.
- ☑ 앞으로의 후속 연구에 어떤 도움을 줄 수 있는지 제시한다.

3) 연구의 한계점

- ☑ 이 연구에서 미처 반영하지 못한 부분을 언급한다.
- ☑ 연구 대상이나 방법 등에서 아쉬웠던 부분을 언급한다.
- ☑ 지면의 제약으로 인해 더 상세하게 쓸 수 없음을 언급한다.

4) 전망

- ☑ 논문이 향후 어떻게 활용될 수 있을지를 제시한다.
- ☑ 연구에서 제시한 문제점이 해결된다면 어떤 긍정적인 영향이 있을지를 설명한다.

5) 제언

- ☑ 연구 주제와 관련하여 더 연구되어야 할 영역을 제안한다.
- ☑ 연구 주제와 관련한 후속 연구가 이루어질 것을 언급한다.

> 연습하기

🏛 다음에 제시된 글을 보고 논문의 결론을 올바르게 구성해 보십시오.

| ① | 본 연구를 통해 뉴 미디어 시대의 팬덤이 더는 수동적인 소비자가 아닌 문화의 매개자 역할을 하고 있음을 알 수 있었다. 기획사가 중심이 되어 홍보가 이루어지기보다는 팬 개개인이 적극적으로 홍보에 나서면서 기존 미디어에까지 영향을 미치고 있는 것이다. |

| ② | 이상의 논의를 통해 한류 아이돌과 팬덤이 뉴 미디어를 활용해 콘텐츠를 생산, 소비, 재생산하는 양상을 살펴보았다. 먼저 생산 측면에서 한류 아이돌은 다양한 소셜 미디어 플랫폼을 통해 음악과 관련한 콘텐츠를 송출하고 개인으로서 인간적인 모습도 드러내고 있었다. 그들의 팬덤은 아티스트가 생산한 콘텐츠를 소비, 재생산하며 적극적으로 홍보하는 모습을 보였다. |

| ③ | 기존의 미디어 질서가 변화하면서 K-pop과 한류가 세계 대중문화 산업의 변화에 영향을 미치고 있으므로 관련 후속 연구가 이어지기를 기대한다. |

| ④ | 향후 인터넷과 디지털 기술의 발달로 대중문화 소비자의 적극적인 참여는 더욱 확대될 것이다. |

| ⑤ | 본고에서는 뉴 미디어의 발달이 문화 콘텐츠 소비 양상의 변화에 미치는 영향을 논의하기 위해 한류 아이돌과 그들의 팬덤 사이의 상호 작용을 살펴보았다. 그러나 대중음악 시장에서 나타나는 현상을 중심으로 논의하였기 때문에 이를 문화 전반의 변화로 확대하여 논의하기에는 한계가 있다. |

② → ☐ → ☐ → ☐ → ☐

> **활용하기**

🏛 여러분 논문의 결론을 어떤 순서로 구성하면 좋을지 생각해 본 후 간략하게 정리해 보십시오.

본론의 내용 요약 정리	**예** 이상의 논의를 통해 한류 아이돌과 팬덤이 뉴 미디어를 활용해 콘텐츠를 생산, 소비, 재생산하는 양상을 살펴보았다. 먼저 ……
연구의 의의	**예** 본 연구를 통해 뉴 미디어 시대의 팬덤이 더는 수동적인 소비자가 아닌 문화의 매개자 역할을 하고 있음을 알 수 있었다.
연구의 한계점	**예** 대중음악 시장에서 나타나는 현상을 중심으로 논의하였기 때문에 이를 문화 전반의 변화로 확대하여 논의하기에는 한계가 있다.
전망	**예** 향후 인터넷과 디지털 기술의 발달로 대중문화 소비자의 적극적인 참여는 더욱 확대될 것이다.
제언	**예** 기존의 미디어 질서가 변화하면서 K-pop과 한류가 세계 대중문화 산업의 변화에 영향을 미치고 있으므로 관련 후속 연구가 이어지기를 기대한다.

2차시   결론의 표현

이해하기(1)

🏠 **본론의 내용을 요약할 때 쓰는 표현**

내용 구성	표현
본론의 내용 요약 정리	• 이상으로/지금까지 -을/를 살펴보았다/볼 수 있었다 • 이상의 논의를 통해 -을/를 모색해 보았다 • 이상으로/지금까지 -을/를 -(으)로 파악하였다 • 이 논문에서는 -에 대해 고찰하였다 • 본고에서는 -을/를 검토하였다 • 본고의 논의를 종합/요약하면 다음과 같다. 첫째, 둘째, 셋째 / 우선, 다음으로, 마지막으로

<u>이상의 논의를 통해</u> 한류 아이돌과 팬덤이 뉴 미디어를 활용해 콘텐츠를 생산, 소비, 재생산하는 양상을 살펴보았다. <u>본고의 논의를 요약하면 다음과 같다.</u> <u>우선</u> 생산 측면에서 한류 아이돌은 다양한 소셜 미디어 플랫폼을 통해 음악과 관련한 콘텐츠를 송출하고 개인으로서 인간적인 모습도 드러내고 있었다. <u>다음으로</u> 그들의 팬덤은 아티스트가 생산한 콘텐츠를 소비, 재생산하며 적극적으로 홍보하는 모습을 보였다. <u>마지막으로</u> 아이돌 팬덤은 단순한 소비자가 아닌 문화의 매개자로서 진화하고 있었다.

> 연습하기(1)

1. 다음 논문의 서론의 내용을 참고하여 결론을 완성해 보십시오.

한류 아이돌의 성공 전략과 팬덤 분석

I. 서론

(생략)

　따라서 이 연구는 한류 아이돌 성공의 필수적인 요인이라고 할 수 있는 팬덤의 성격과 활동 양상을 **살피는 것을 목적으로 한다.** 즉 한류 아이돌이 미국 팝송 및 힙합 주류 무대에서 성공할 수 있었던 과정을 팬덤의 성격을 중심으로 **논의할 것이다.** 이러한 한류 아이돌의 성공 전략에 대한 연구를 통해 한국 대중음악을 전 세계로 확산시킬 수 있는 롤 모델을 제시하고, 한국 문화의 저변을 확대할 방안을 **모색할 수 있을 것이다.**

V. 결론

　이 논문에서는 한류 아이돌의 성공 전략을 아티스트와 팬덤 사이의 상호 관계에 중점을 두고 ①(살펴보다) _____. 특히 한류 아이돌이 미국 음악 시장에서 정점을 찍기까지의 성공 과정을 팬덤과의 상호 작용을 통해 ②(설명하다) _____. 다음으로 아이돌 소속사의 팬덤 관리 전략과 멤버 개인의 배경 및 성격이 그룹의 성공에 미친 영향을 ③(분석하다) _____. 마지막으로 한류 아이돌 팬덤이 국내에서보다 해외에서 급격하게 성장하면서 한국적인 음악과 퍼포먼스를 좋아하는 초국적 팬덤을 형성하게 된 과정을 ④(기술하다) _____.

　(생략)

2. 여러분 연구의 대표적인 참고문헌에서 결론을 읽고 다음에 해당하는 내용을 찾아 써 보십시오.

출처: _____
연구자(연도), 논문 제목, 학술지 이름, 학술지 권호, 발행기관, 수록 페이지.

• 본론의 내용 요약 정리
　- 본론의 핵심 내용은 무엇입니까?

이해하기(2)

🏠 연구의 의의와 한계점을 기술할 때 사용하는 표현

내용 구성	표현
연구의 의의	• 본 연구를 통해 –을/를 알 수 있었다 • 이 연구/본고는 –다는 점에서 의의가 있다 • 이 연구의 성과는 –에 기여할 것이다 • 이 연구의 결과는 –을/를 위한 기초 자료를 제공할 수 있을 것이다
연구의 한계점	• –(으)나 –에 그쳤다 • –하였으나 –부분까지는 다루지 못하였다 • –는 것은 본 연구가 갖는 한계점이다 • –다는 점에서/측면에서 한계가 있다

본 연구를 통해 뉴 미디어 시대의 팬덤이 더는 수동적인 소비자가 아닌 문화의 매개자 역할을 하고 있음을 알 수 있었다. 기획사가 중심이 되어 홍보가 이루어지기보다는 팬 개개인이 적극적으로 홍보에 나서면서 기존 미디어에까지 영향을 미치고 있는 것이다. 그러나 대중음악 시장에서 나타나는 현상을 중심으로 논의하였기 때문에 이를 문화 전반의 변화로 확대하여 논의하기는 어렵다는 점에서 한계가 있다.

연습하기(2)

1. 다음 문장을 바탕으로 연구의 의의를 써 보십시오.

    1) 한류 아이돌과 팬덤에 대한 실증 조사를 바탕으로 성공 요인을 분석하였다.

    ➡ ....
    ....

    2) 한류 아이돌의 성공 전략이 새로운 아이돌 브랜딩의 롤 모델이 된다.

    ➡ ....
    ....

2. 다음 문장을 바탕으로 연구의 한계점을 써 보십시오.

    1) 미국 시장을 중심으로 한류 아이돌 팬덤의 성격을 조사하였다.

    ➡ ....
    ....

    2) 한류 아이돌의 성공에 영향을 미친 다른 요인(독특한 매력, 소속사의 마케팅 전략 등)은 살펴보지 않았다.

    ➡ ....
    ....

3. 여러분 연구의 대표적인 참고문헌에서 결론을 읽고 다음에 해당하는 내용을 찾아 써 보십시오.

출처: _____
　　　　　연구자(연도), 논문 제목, 학술지 이름, 학술지 권호, 발행기관, 수록 페이지.

- 연구의 의의
  - 이 연구의 결과는 학문적으로 어떤 의의가 있습니까?
  - 이 연구에서 새롭게 밝힌 점은 무엇입니까?

- 연구의 한계점
  - 이 연구에서 미처 반영하지 못한 부분은 무엇입니까?
  - 연구 대상이나 방법 등에서 아쉬웠던 부분은 무엇입니까?

> 이해하기(3)

🏠 연구의 전망과 제언을 기술할 때 사용하는 표현

내용 구성	표현
전망	• 향후 −(으)로 보인다/생각된다/전망된다 • 앞으로 −(으)로 발전할 수 있을 것이다 • 이후 −을 전망이다
제언	• −기 위해 −이/가 필요하다/요구된다 • −기 위해 −을/를 제안한다 • −(으)므로 −을/를 기대한다 • −등을 고려해 볼 때 −에 관한 후속 연구가 필요하다

<u>향후</u> 인터넷과 디지털 기술의 발달로 대중문화 소비자의 적극적인 참여는 더욱 확대<u>될 전망이다</u>. 기존의 미디어 질서가 변화하면서 K-pop과 한류가 세계 대중문화 산업의 변화에 영향을 미치고 있<u>으므로</u> 관련 후속 연구가 이어지<u>기를 기대한다</u>.

연습하기(3)

1. 다음 문장을 바탕으로 연구의 전망을 써 보십시오.

   1) K-pop 팬덤이 더 확산되면서 다양한 콘텐츠를 생산하고 소비한다.

     ➡ _____

     _____

   2) 뉴 미디어의 발달에 따라 소비자의 대중문화 참여가 더 확대된다.

     ➡ _____

     _____

2. 다음 문장을 바탕으로 연구에 대한 제언을 써 보십시오.

   1) 보다 넓고 다양한 범위의 K-pop 글로벌 팬덤 형성 양상을 살펴본다.

     ➡ _____

     _____

   2) K-pop 팬덤의 성격을 규명하기 위해 팬덤이 수집하고 생산하는 기록을 더 광범위하게 수집하고 분석한다.

     ➡ _____

     _____

3. 여러분 연구의 대표적인 참고문헌에서 결론을 읽고 다음에 해당하는 내용을 찾아 써 보십시오.

출처: _____
연구자(연도), 논문 제목, 학술지 이름, 학술지 권호, 발행기관, 수록 페이지.

- 전망
  - 이 논문은 향후 어떻게 활용될 수 있습니까?
  - 이 현상은 앞으로 어떻게 변화될 것이라고 했습니까?

- 제언
  - 연구 주제와 관련하여 더 연구되어야 할 영역은 무엇입니까?
  - 연구자가 언급한 후속 연구는 무엇입니까?

3차시 결론 쓰기

🏛 우리가 공부한 표현을 이용해 여러분 논문의 결론에 들어갈 내용을 써 보십시오.

내용 구성	표현
본론의 내용 요약 정리	• 이상으로/지금까지 −을/를 살펴보았다/볼 수 있었다 • 이 논문에서는 −에 대해 고찰하였다 • 본고의 논의를 종합/요약하면 다음과 같다. 첫째, 둘째, 셋째 / 우선, 다음으로, 마지막으로
연구의 의의	• 본 연구를 통해 −을/를 알 수 있었다 • 이 연구/본고는 −다는 점에서 의의가 있다

연구의 한계점	• –(으)나 –에 그쳤다 • –다는 점에서/측면에서 한계가 있다
전망	• 향후 –(으)로 보인다/생각된다/전망된다 • 앞으로 –(으)로 발전할 수 있을 것이다
제언	• –기 위해 –이/가 필요하다/요구된다 • –등을 고려해 볼 때 –에 관한 후속 연구가 필요하다

정답 및
논문 목록

제1강 논문의 구조

p.10 준비하기
① , ④ , ⑤ , ⑥

p.18 연습하기

1.
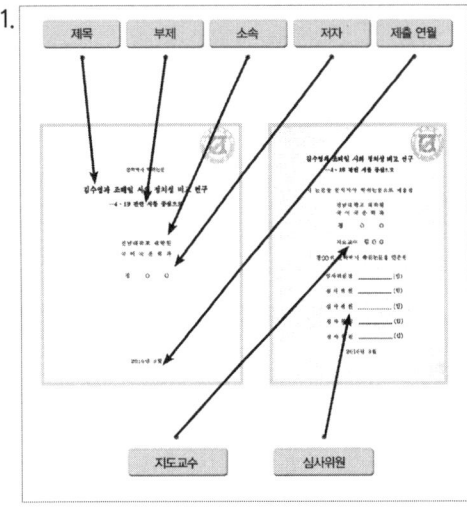

p.19 연습하기

2.
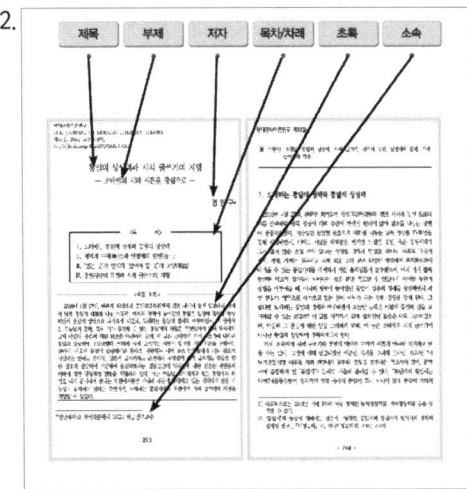

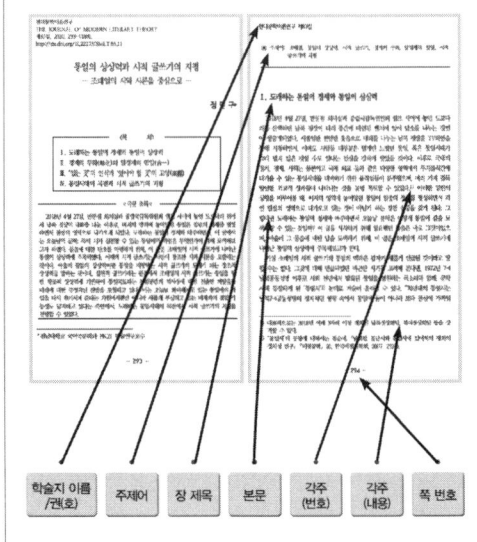

p.21 이해하기

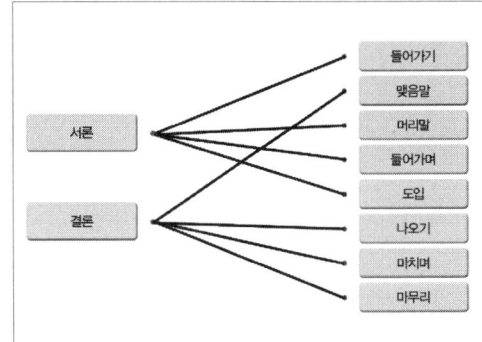

p.22 연습하기

1)
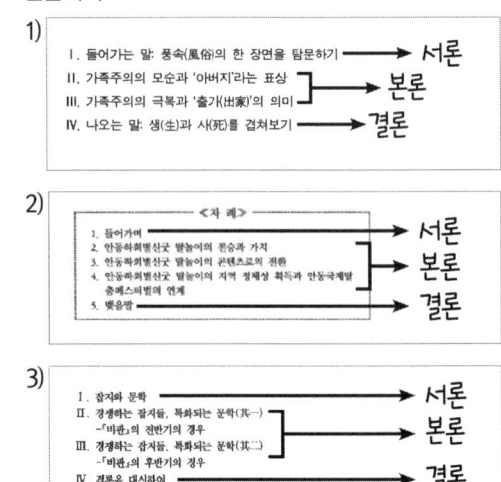

4)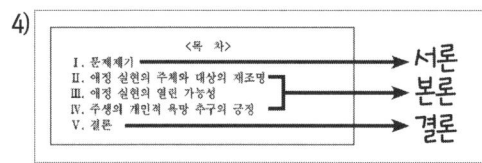

p.23 연습하기
2. ②저자   ③목차(차례)   ④초록   ⑥본론
   ⑦결론   ⑧참고문헌

제2강 논문의 자료

p.26 준비하기
   ①, ④, ⑤, ⑥

p.31 연습하기
   1. ①, ②, ④, ⑤
   2. ①, ②

p.33 준비하기
   1. 본문의 내용을 보충하기 위해, 인용한 자료의 출처를 표시하기 위해
   2. 연구자, 게재 연도, 논문 제목, 책 제목, 학술지, 학술지 권호, 발행기관, 수록 페이지

p.39 연습하기
   1) 5편
   2) 2편
   3) 4권

p.40 활용하기
   1) 홍길동(1999), 『의미론』, 서울: 박이정.
   2) 홍길동(2021), 「한국 드라마에 나타난 성차별 언어」, 전남대학교 석사학위논문.
   3) 홍길동(2021), 「한국 드라마에 나타난 성차별 언어」, 『어문논총』 21호, 한국어문화학회, 51-79쪽.

p.41 준비하기
   1. ①X ②X ③O ④X ⑤X ⑥X
      ⑦X
   2. ①X ②X ③X ④X ⑤O

p.46 연습하기
   1), 출처를 밝히고 직접 인용하였다.
   3), 출처를 밝히고 간접 인용하였다.
   4), 원문의 내용을 자신의 말로 바꿔 쓴 후 간접 인용하였다.

p.47 활용하기
   ① 최지영(2021)에서는 대학원에 재학 중인 유학생들이 논문에서 구어체 표현을 많이 사용하며 언어를 사용하는 상황을 명확하게 인지하지 못하는 경우가 많다고 하였다.
   ② 최지영(2021)에서는 "대학원에 재학 중인 유학생들의 논문을 살펴보면 적지 않은 구어체 표현을 발견할 수 있으며 학생들 스스로 언어를 사용하는 상황을 명확하게 인지하지 못하는 경우가 많다"라고 하였다.

제3강 논문의 구상

p.50 준비하기
   2. ②, ③
   3. ①, ③, ④

p.52 연습하기
   1. 글감 찾기
   2. • 논문의 개요를 만들고 제목과 목차를 정한다.
      • 주제문을 쓴다.
      • 자신의 논문에서 중심이 되는 이론을 찾는다.
      • 연구의 의의와 선행연구와의 차이점을 정리한다.
      • 연구 방법과 연구 결과를 정리해서 쓴다.
      • 서론, 본론, 결론을 포함한 초고를 완성한다.
      • 글을 읽으면서 계속 수정한다.
      • 양식에 맞게 편집한다.
      • 투고한다.

p.56 연습하기

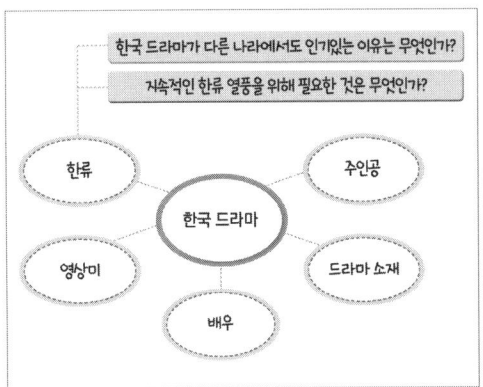

p.58 준비하기

원인	해결방안
커피를 많이 마셨다.	커피 대신 따뜻한 차를 마신다.
활동량이 적었다.	규칙적으로 운동을 한다.
스트레스가 많다.	스트레스를 해소할 수 있도록 편안한 음악을 듣는다.

p.60 연습하기

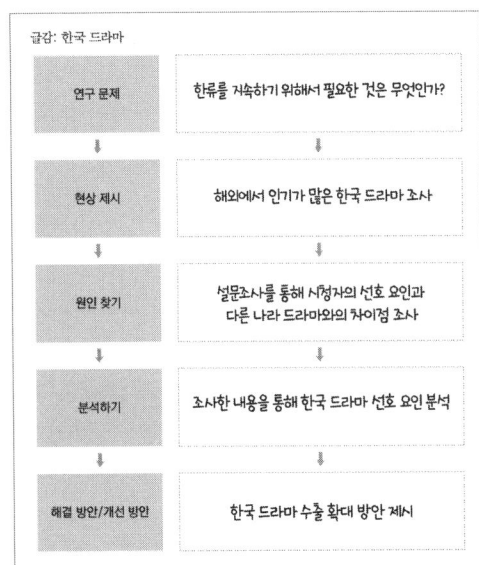

제4강 논문의 제목과 목차

p.64 준비하기
적절한 것: ③, ⑤
부적절한 것: ①, ②, ④, ⑥, ⑦, ⑧

p.66 연습하기
1) 한류 문화 콘텐츠를 활용한 관광 산업 활성화 방안
2) 일본인의 한류 수용에 따른 한국에 대한 인식 변화
3) 한류가 한국 화장품 브랜드의 이미지에 미치는 영향

p.68 준비하기
목차의 번호 형식을 통일한다.
목차를 단계에 따라 한 칸씩 들여 쓴다.

p.72 준비하기
미세 플라스틱이 인체에 해로운 영향을 미치므로 이를 제거하기 위한 노력이 필요하다.

p.73 연습하기
1. ③
2. 인도 내에서 한국 드라마가 인기를 얻고 있으므로 이를 벤치마킹하여 인도 드라마를 제작할 필요가 있다.

제5강 요약하기

p.78 준비하기
①-②-③-⑥-⑧-⑩-⑬-⑮

p.80 연습하기
1. 1) ③
   2) ④
   3) ①, ②
2. 1) ②, ⑤
   2) ①, ③, ⑥
   3) ④

p.81 활용하기
③, ⑥

p.82 준비하기
1. 공통점: 한국 음식이다.
2. 매운 음식과 맵지 않은 음식 / 주식과 간식

p.84 연습하기
1) 상위 단어: 한국어 학습자
   하위 단어: 외래어에 익숙하지 않은 학습자
2) 외래어 교육, 자주 사용하는, 사용 빈도

p.85 활용하기
한국어 학습자가 한국어를 맥락에 맞게 잘 구사할 수 있도록 한국의 정서와 역사, 사회적 현상 등을 담고 있는 문학 작품을 가르칠 필요가 있으며, 학습자는 문학 작품을 통해 자연스럽게 한국 사회를 이해하고 한국어 능력도 향상시킬 수 있다.

p.86 연습하기(1)
1. 문학 작품은 학습자에게 한국의 문화와 한국인의 사고방식을 이해시키는 좋은 교육 자료로 문학 작품을 읽으면 다양한 표현이 사용되는 문화적 상황을 접하게 되고 이러한 상황에서 사용되는 어휘와 문법 지식도 함께 학습할 수 있다.
2. 원활하게 의사소통, 문화적인 맥락, 상황에 맞는 이야기, 한국의 문화와 한국인의 사고방식, 문화적 상황, 어휘와 문법 지식

p.87 연습하기(2)
한국어 교육에서 문학 작품의 교수·학습이 중요함에도 문학 교육이 활발하게 이루어지지 않는 것은 작품에 나오는 어휘가 너무 많고 난도가 높아 학습자에게 부담이 되기 때문이므로 실생활에서 자주 사용되는 어휘나 표현이 많이 포함된 작품을 선정할 필요가 있다.

제6강 인용하기

p.90 준비하기

이탈리아의 한국학에 관한 선행연구를 시기별로 나누어 살펴보면 2000년대 이전에는 김태진(1983)과 박병철(1994)이 있다. 두 연구자 모두 교육부에서 이탈리아로 파견되어 초기 한국학 발전에 큰 역할을 하였다. 2000년대 이후에 발표된 연구로는 김시홍(2004), 김훈태(2009)가 있으며 이들 연구에는 이탈리아에서 한국학을 전공으로 개설한 대학의 교과과정이 자세하게 소개되어 있다.

정임숙·김참이(2019)는 이탈리아 내 한국학 열풍을 설명하면서 "최근 SNS를 통해 퍼져 나간 한국의 웹툰, 노래, 드라마 등의 문화 콘텐츠로 인해 한국학을 전공하고자 하는 학생들이 늘어났으며, 학계에서도 한국학에 대한 중요성을 알기 시작했다."라고 하였다.

현대 이탈리아 사람들이 '한국'이라는 나라를 주목하기 시작한 계기는 크게 1988년 서울 올림픽, 2002년 월드컵, 그리고 한국 영화라고 볼 수 있다. 김훈태(2009)에서는 최근 몇 년간 베네치아대학에서 늘어나고 있는 한국어와 한국 문화에 대한 관심이 유명 영화제에서 매년 호평을 받는 한국 영화에서 비롯된 것이라고 보았다.

p.93 연습하기
1) ③
2) ①
3) ②

p.95 준비하기
① 선행연구의 존재 언급하기
② 선행연구의 내용 인용하기
③ 선행연구의 내용에 연구자의 의견 더하기

p.97 연습하기

1) 선행연구의 존재와 출처 언급:
'이탈리아에서의 한국학 교육의 몇 가지 문제' (Maurizio Riotto, 2012), 김효신(2018)

2) 간접인용:
그는 고전 문학이나 역사 교육의 중요성에 대해 강조하면서도 케이팝(K-pop) 및 현대 대중문화에 대해서는 부정적인 태도를 보였다.

3) 인용된 내용:
김효신(2018)에서는 2018년까지 발표된 이탈리아 내 한국학 자료를 상세하게 조사하여 제시하였다.

추가된 의견:
이 연구를 통해 이탈리아에서 한국학 연구가 시작된 지 반세기가 넘었음에도 한국학 관련 논의가 여전히 부족하다는 것을 확인할 수 있다.

p.101 연습하기

1. (예시 답안)

1) 정임숙·김참이(2019:351)는 이탈리아의 한국학 관련 동향을 소개하면서 'Books on Korea'로부터 기증받은 도서가 한국학 전공생 및 한국학에 관심이 있는 타과 학생들의 한국어·한국 문화 학습에 큰 도움을 주고 있다고 하였다.

2) 'Books on Korea'를 통해 기증받은 도서들은 한국학 전공생 및 한국학에 관심을 가진 타과생들이 한국어와 한국 문화에 대한 지식을 쌓을 수 있는 귀중한 자료가 되고 있다(정임숙·김참이, 2019:351).

p.102 연습하기

2. (예시 답안)

정임숙·김참이(2019:340)는 이탈리아 내 한국학 연구는 제2차 세계대전 이후 역사와 정치를 중심으로 발전해 왔으며 1958년 나폴리 동양학 대학을 시작으로 한국 정부 기관의 지속적인 후원을 통해 2000년대를 전후하여 양적, 질적으로 크게 성장하였다고 설명하였다.

이탈리아 내 한국학 연구는 제2차 세계대전 이후부터 역사와 정치에 초점을 두고 발전되었으며 1958년 나폴리 대학교에 개설된 한국어 강의를 시작으로 1990년대 중반까지는 외연을 확장하지 못했으나 2000년대를 전후로 한국 정부 기관의 후원을 통해 양적, 질적으로 크게 성장하였다(정임숙·김참이, 2019:340).

제7강 서론 쓰기

p.106 준비하기

1. 연구의 의의, 선행연구 검토, 연구 대상과 범위, 연구 방법, 연구의 필요성과 목적
2. 연구의 필요성과 목적 → 선행연구 검토 → 연구 대상과 범위 → 연구 방법 → 연구의 의의

p.108 연습하기

② → ④ → ① → ⑤ → ③ → ⑥

p.111 연습하기(1)

1) 이 연구는 유학생 증가에 따른 문제점을 살피는 데에 목적이 있다.
2) 통계청 조사에 따르면 전 세계적으로 한류에 대한 관심이 증가하는 추세이다.
3) 유학생 증가에 따라 유학생을 대상으로 한 교육 과정 개발에 관한 연구가 이루어져야 할 필요가 있다.
4) 유학생들은 서툰 한국어로 인하여 생활 및 문화 적응에도 어려움을 겪는다는 문제가 있다.
5) 외국인 유학생들이 꾸준히 증가하고 있음을 알 수 있다.

p.114 연습하기(2)
1) 기존 연구 가운데 홍길동(2013)이 주목할 만하다.
2) 그동안 진행된 연구는 유학생의 한국 생활에 대한 논의가 주를 이루고 있다는 아쉬움이 있다.
3) 지금까지 살펴본 선행연구에서 외국인 유학생의 대학 생활에 대한 논의는 드문 편이다.
4) 외국인 유학생의 대학 생활 적응에 관한 연구로 홍길동(2013), 황진이(2012), 심청(2011) 등이 있다.
5) 그간의 논의에서는 대학에 재학 중인 유학생의 한국 생활 적응에 대한 논의가 주로 이루어졌다.

p.117 연습하기(3)
1) 한국 문화에 대한 인식을 살펴보기 위해 외국인 유학생을 대상으로 연구를 진행하고자 한다.
2) 이 연구의 대상을 한국에 거주하고 있는 외국인 유학생으로 선정하였다.
3) 첫째, 예비조사를 하고, 이어서 본조사를 한 후 마지막으로 심층 면담을 진행할 것이다.
4) SPSS 프로그램을 이용한 양적 연구 방법을 적용하여 자료를 분석하고자 한다.
5) 한국에 거주한 경험이 있는 한국어 학습자로 대상을 한정하여 살펴보았다.

제8강 본론 쓰기 I

p.122 준비하기
1) 그러므로
2) 예를 들면
3) 왜냐하면
4) 반면에
5) 다시 말해

p.124 연습하기
1. ① 왜냐하면 ② 특히 ③ 그러나
2. ① 무엇보다 ② 하지만 ③ 그러므로

p.126 준비하기
1) 동기란 어떤 일이나 행동을 하게 만드는 계기를 말한다.
2) 이 연구는 교환 학생 경험이 있는 학생 150명을 대상으로 이루어졌다.
3) 설문 대상자의 95%가 논문 작성 수업이 필요하다고 응답하였다.
4) 이 연구에서는 학습 동기가 목표어 습득에 어떤 영향을 미치는지를 알아보기 위해 학습자들을 대상으로 심층 면담을 실시하였다.
5) 수집된 자료는 SPSS를 사용하여 분석되었다.

p.129 연습하기
1. ① 를 조사하였다
   ② 을 대상으로 연구를 수행하였다
   ③ 다고 답했다
   ④ 으로 나타났다

2. 1) 본 연구는 국내 대학원에 재학 중인 외국인 유학생들을 대상으로 하였다.
   2) 자료 수집을 위해 이메일을 이용하였다.
   3) 외국인 대학원생을 대상으로 한 논문 쓰기 수업이 필요한 것으로 보인다.

p.131 준비하기
1) 다음 〈표〉는 한국어 학습자들의 학습 동기를 조사한 결과이다.
2) 다음의 순서로 논의를 전개하고자 한다. 먼저 한국어 학습자들의 학습 동기를 조사할 것이다. 다음으로 학습 동기가 낮아지거나 없어진 계기를 분석할 것이다.
3) 〈표〉를 통해 집단별로 한국어 학습 동기에 유의한 차이가 있다는 것을 확인할 수 있다.
4) 지금까지 살펴본 바에 의하면 성별, 연령, 학습자 모어에 따라 한국어 학습 동기에 유의미한 차이를 보이는 것으로 나타났다.
5) 첫째, 학습자의 성별에 따라서 학습 동기에 차이가 있는지를 분석하였다. 둘째, 학습자의 모어에 따라서 학습 동기에 차이가 있는지를 분석하였다. 셋째, 학습자의 연령에 따라서 학습 동기에 차이가 있는지를 분석하였다.

p.133 연습하기

1. 1) ①최지영(2021)에서는 외국인 대학원생들이 학술적 표현을 얼마나 잘 인식하고 있는지를 조사하였다. 연구 결과 학생들은 학술 논문에 어울리는 표현을 명확히 알지 못하고 있었다. 특히 한국어로 논문을 작성한 경험이 있는 학생들도 논문에 쓸 수 있는 학술적 표현에 대한 인식이 부족하였다. ②이를 통해 외국인 대학원생을 대상으로 한 별도의 논문 쓰기 교육이 이루어져야 할 필요가 있음을 강조하였다.

2) ①〈그림 1〉에서 보는 바와 같이 많은 학생이 학술적이지 않은 어휘를 사용하고 있었다. 학생들은 구어에서 주로 사용되는 어휘나 중국식 한자 표현을 학술 어휘라고 생각하는 경우가 많았다. 또 학술 어휘라고 생각하는 단어가 해당 전공 영역에서 사용되지 않는 비전문어인 경우도 나타났다. ②이에 해당하는 예를 들면 다음과 같다.

p.134 연습하기

2. 1) 이 연구에서는 '외국인 어투(foreign accent)'에 대한 한국인들의 언어 태도를 살펴보고자 한다.

2) 먼저, 외국인 어투를 듣고 화자의 모어를 인식할 수 없는 경우이다. 다음으로, 외국인 어투를 듣고 화자의 모어를 구분하고 이에 따라 다른 태도를 보이는 경우이다. 마지막으로, 화자의 모어를 구분하지 못하지만, 외국인 어투를 무의식적이나마 인식하는 경우이다.

3) 위의 표에 나타난 것처럼 약 22%의 대학생들은 주 3회 이상의 빈도로 외국인 유학생들을 만나고 있음을 알 수 있다.

4) 지금까지 살펴본 바에 따르면 한국 대학생들은 특정 외국인 어투를 사용하는 화자의 모어가 무엇인지 정확하게 인식하지 못하였다.

5) 백승주(2020)에서는 외국인 어투에 대한 한국 대학생들의 언어 태도를 조사하였다.

제9강 본론 쓰기 II

p.138 준비하기

1) 논리적이지 않다. '음주 운전을 하는 것도 위험하다'라는 문장은 필요 없다.

2) 논리적이다.

3) 논리적이지 않다. '그렇지만'이라는 접속 표현이 어울리지 않는다.

p.140 연습하기

1) 첫인상만으로 사람을 판단해서는 안 된다.

2) 외국어 교육은 어렸을 때 시작해야 한다.

3) 사회 안전을 위해 CCTV 설치를 확대해야 한다.

p.142 준비하기

1) 외국인 유학생이 수업을 어렵게 느끼는 요인은 한국어 능력 부족, 어려운 전공 내용, 기초 학습 부족, 영어 능력 부족, 빠른 수업 진행 속도, 기타의 순으로 나타났다.

2) 외국인 유학생 집단별로 수업에서 어려움을 느끼는 요인에 차이가 있다. 이런 차이가 나타나는 이유는 학부생, 대학원생, 교환 학생들이 처해 있는 상황이 다르기 때문일 것이다.

p.143 연습하기

1. 2) 연구 대상
외국인 학부생, 대학원생, 교환 학생 각각 50명을 대상으로 하였다.

3) 연구 방법
외국인 유학생 집단별로 '수업에서 어려움을 느끼는 요인'에 대한 설문 조사를 실시하였다.

4) 결과 정리
학부생들은 수업에서 어려움을 느끼는 요인으로 '한국어 능력 부족'과 '기초 학습 부족'을 가장 많이 꼽았다. 대학원생의 경우 '어려운 전공 내용', '한국어 능력 부족' 때문에 수업에서 어려움을 느낀다고 답한 학생이 많았다. 교환 학생 중에서는 '한국어 능력 부족' 때문에 수업에서 어려움을 느낀다고 답한 학생이 가장 많았다.

2. 해결 방안
　근거②: 학부생뿐만 아니라 대학원생도 한국어 능력 때문에 수업에서 어려움을 느낀다고 답한 학생들이 많았기 때문이다.
　근거③: 교환 학생들은 한 학기나 두 학기 후에 자신의 나라로 돌아가는 경우가 많은데, 이들에게 다른 학생들과 똑같은 수업을 듣게 한다면 수업에서 큰 어려움을 느낄 것이다.

p.145 연습하기

3.
> ⟨외국인 유학생이 수업에서 어려움을 느끼는 요인과 해결 방안⟩
>
> 　외국인 유학생 150명을 대상으로 수업에서 어려움을 느끼는 요인을 조사하였다. 조사 결과 한국어 능력 부족으로 어려움을 겪는다고 응답한 학생들이 가장 많았다. 다음으로 전공 내용이 어려워서, 기초 학습이 부족해서, 수업 진행 속도가 빨라서, 영어 능력이 부족해서 수업에 어려움을 느끼는 것으로 나타났다.
> 　집단별로 어떤 차이가 있는지 살펴보면 학부생의 경우 '한국어 능력 부족' 때문에 수업에서 어려움을 느낀다고 답한 학생이 가장 많았으며 다음으로는 '기초 학습 부족'이 높게 나타났다. 대학원생의 경우 '어려운 전공 내용' 때문에 수업에서 어려움을 느낀다고 답한 학생이 가장 많았으며, '한국어 능력 부족', '영어 능력 부족' 순으로 나타났다. 교환 학생의 경우 '한국어 능력 부족' 때문에 수업에서 어려움을 느낀다고 답한 학생이 가장 많았으며 '기초 학습 부족', '빠른 수업 진행 속도', '어려운 전공 내용'이 그 뒤를 이었다.
> 　외국인 유학생들이 수업에서 느끼는 어려움을 해소하기 위해서는 집단별로 다음과 같은 해결 방안이 필요하다. 먼저 대학 입학 전형에서 TOPIK 4급 이상의 자격을 갖춘 학생을 선발해야 한다. 절반 이상의 학부 유학생들이 한국어 능력이 부족해서 수업을 이해하지 못하는 것으로 나타났기 때문이다. 또한 학부나 대학원에 진학한 후에도 대학에서 지속해서 한국어 교육을 받을 수 있도록 지원할 필요가 있다. 학부생뿐만 아니라 대학원생도 한국어 능력 부족으로 수업에서 어려움을 느낀다고 답했기 때문이다. 마지막으로 교환 학생들에게 맞는 수업을 제공해야 한다. 교환 학생들은 한 학기나 두 학기 정도가 지나면 자신의 나라로 돌아가는 경우가 많은데, 이들에게 다른 학생들과 똑같은 수업을 듣게 한다면 큰 어려움을 느낄 것이기 때문이다. 따라서 단기로 수학하는 교환 학생을 위한 맞춤형 수업이 제공될 필요가 있다.

p.147 준비하기

> 　먼저 한국어 능력이 외국인 유학생 적응의 가장 중요한 요인으로 꼽힌다. 한국어 능력은 학업 적응과도 밀접한 관련이 있으므로 유학의 목적<u>이랑</u> 직접적으로 연결되는 중요한 문제이다. 그리고 재정 문제 역시 외국인 유학생들이 초기 적응 과정에서부터 겪는 매우 큰 어려움 중 하나로 나타났다. <u>그래 가지고 알바</u>를 하는 유학생들이 많은데 합법적 기준에 따른 알바는 <u>돈을 얼마 못 버니까</u> 유학생들이 한국의 높은 생활비에 심적 부담을 <u>엄청</u> 느끼는 것으로 나타났다. 마지막으로 한국 학생이나 교수와의 관계를 포함한 인간관계 역시 유학생들의 대학 생활 적응에 <u>진짜</u> 큰 영향을 미치<u>는 것 같다</u>.

- 이랑 → 과
- 그래 가지고 → 따라서
- 알바 → 아르바이트
- 돈을 얼마 못 버니까 → 수입이 많지 않으므로
- 엄청 → 많이
- 진짜 → 매우
- -는 것 같다 → -는 것으로 보인다

p.149 연습하기(1)

1) (1)이 더 적절하다.

   (2)는 구어체 조사(하고), 줄임말(거다), 1인칭 필자 지칭 표현(내가), 주관적 표현(-고 싶다)을 사용했기 때문에 적절하지 않다.

2) (2)가 더 적절하다.

   (1)에서는 구어체 조사(이랑), 구어체 어미(-려고), 학술적이지 않은 어휘(고르다)를 사용하였기 때문에 적절하지 않다.

3) (2)가 더 적절하다.

   (1)에서는 줄임말(뭔지), 학술적이지 않은 어휘(알아내다), 구어체 부사(근데), 단형 부정(안)을 사용했기 때문에 적절하지 않다.

4) (2)가 더 적절하다.

   (1)에서는 자신의 의견을 단정적으로 표현(강화해야만 한다, 마련해 주어야 한다)했기 때문에 적절하지 않다.

p.151 연습하기(2)

1) 논문에서는 조사를 생략하지 않는다.

   > 유아 교육<u>은</u> 평생 학습<u>의</u> 출발점이며, 유아 교육 기회를 공평하게 확보하는 것<u>이</u> 개인과 사회, 국가에 중요한 역할<u>을</u> 한다.

2) 논문에서 필자를 지칭할 때는 '나, 저' 대신 '본고, 본 논문, 이 연구' 등을 사용한다. 또 '-고 싶다'와 같은 주관적인 표현 대신 객관적인 표현을 사용해야 한다.

   > 그러므로 <u>본고에서는</u> 고전 문학에 대한 관심과 흥미를 유발할 수 있도록 현대적인 소재와 캐릭터를 발굴해서 문화 콘텐츠를 만드는 방안을 <u>제안하고자 한다</u>.

3) 논문에서는 구어체 조사, 줄임말을 사용하지 않는다.

   > 본 논문에서는 한국어 접속 어미 중 일상생활과 책에서 많이 나타나는 접속 어미가 <u>무엇인지</u> 찾아보고 이에 대응되는 중국어 표현을 연구할 것이다.

4) 논문에서는 구어체 부사, 줄임말을 사용하지 않는다.

   > <u>다소</u> 무거운 분위기의 이야기라도 있는 그대로를 보여주면 읽는 사람이 <u>그것을</u> 자기 경험과 결합하여 생각해 볼 수 있다.

5) 논문에서 어떤 내용을 추측할 때는 지나치게 단정적인 표현을 사용하지 않는다.

   > 이 소설의 역자는 이러한 중국어의 특징을 활용하여 대립을 나타냄으로써 작가가 만들고자 했던 분위기를 <u>표현한 것으로 보인다</u>. 즉, 독자가 거부감이나 저항감을 덜 느낄 수 있는 표현을 골라 쓴 것이라고 <u>할 수 있다</u>.

6) 논문에서는 '안'과 같은 단형 부정 대신 '-지 않다' 등의 장형 부정을 사용한다. 또 의견을 제시할 때는 단정적인 표현을 사용하지 않는다.

   > 기존의 연구가 <u>많지 않은</u> 만큼 향후 이러한 개념과 규칙에 근거하여 연구가 확장되어야 <u>할 필요가 있다</u>.

제10강 결론 쓰기

p.154 준비하기

1. 제언, 연구의 한계점, 연구의 의의, 전망, 본론의 내용 요약 정리

2. 본론의 내용 요약 정리 → 연구의 의의 → 연구의 한계점 → 전망 → 제언

p.156 연습하기

② → ① → ⑤ → ④ → ③

p.159 연습하기(1)

1. ① 살펴보았다
   ② 설명하였다
   ③ 분석하였다
   ④ 기술하였다

p.162 연습하기(2)

1. 1) 이 연구는 한류 아이돌과 팬덤에 대한 실증 조사를 바탕으로 성공 요인을 분석하였다는 점에서 의의가 있다.
   2) 이 연구에서 분석한 한류 아이돌의 성공 전략이 새로운 아이돌 브랜딩의 롤 모델이 될 수 있다는 점에서 의의가 있다.

2. 1) 이 연구에서는 한류 아이돌 팬덤의 성격을 미국 시장을 중심으로 살펴보았기 때문에 세계적인 현상이라고 일반화하기는 어렵다는 한계가 있다.
   2) 이상의 논의는 한류 아이돌이 가지는 독특한 매력, 소속사의 마케팅 전략 등 성공에 영향을 미친 다른 요인은 살펴보지 않았다는 점에서 한계가 있다.

p.165 연습하기(3)

1. 1) 앞으로 K-pop 팬덤이 더 확산되면서 다양한 콘텐츠를 생산하고 소비할 것으로 전망된다.
   2) 이후 뉴 미디어의 발달에 따라 소비자의 대중문화 참여가 더 확대될 전망이다.

2. 1) 후속 연구에서 보다 넓고 다양한 범위의 K-pop 글로벌 팬덤 형성 양상을 살펴볼 것을 제안한다.
   2) 향후 K-pop 팬덤의 성격을 규명하기 위해 팬덤이 수집하고 생산하는 기록을 더 광범위하게 수집하고 분석할 필요가 있을 것이다.

교재에 사용된 논문 목록

백승주(2020), 「외국인 어투에 대한 한국인 여자 대학생의 언어 태도 연구」, 『언어와 문화』 16권 3호, 한국언어문화교육학회, 115~150쪽.

백지민(2015), 「〈주생전〉의 비극성 재고」, 『국학연구론총』 15호, 택민국학연구원, 239~261쪽.

백지민(2017), 「『운영전』의 악인 형상과 그 의미」, 『어문논집』 69권, 중앙어문학회, 219~251쪽.

유석환(2009), 「1930년대 잡지시장의 변동과 잡지 『비판』의 대응 : 경쟁하는 잡지들, 확산되는 문학」, 『사이(SAI)』 6권, 국제한국문학문화학회, 239~271쪽.

유형동(2020), 「안동하회별신굿 탈놀이의 지역정체성 획득 과정과 콘텐츠로서의 가치」, 『배달말』 67권, 배달말학회, 117~139쪽.

이승혜(2013), 「한국어교육 전공 학위논문의 담화표지 분석」, 부산외국어대학교 석사학위논문.

이지성(2021), 「근대 '국민', '인민', '백성'의 개념사 연구」, 『전남대 어문논총』 39호, 전남대학교 한국어문학연구소, 59~83쪽.

장연분홍(2021), 「한국어 교육을 위한 문학 작품 선정 기준 연구: 코퍼스 분석에 기반한 명사의 어휘 난이도를 중심으로」, 『한국언어문학』 116집, 한국언어문학회, 109~115쪽.

정민구(2016), 「김수영과 조태일 시의 정치성 비교 연구 : 4·19 관련 시를 중심으로」, 전남대학교 박사학위논문.

정민구(2020), 「통일의 상상력과 시적 글쓰기의 지평-조태일의 시와 시론을 중심으로-」, 『現代文學理論研究』 83호, 현대문학이론학회, 293~318쪽.

정민구·김동근(2021), 「김우진의 시에 나타난 내면의식 연구-'가족주의'를 중심으로」, 『전남대 어문논총』 38호, 전남대학교 한국어문학연구소, 5~34쪽.

정임숙·김참이(2019), 「이탈리아에서의 한국학 동향과 전망-시에나 외국인 대학을 중심으로-」, 『한국문화연구』 37호, 이화여자대학교 한국문화연구원, 339~360쪽.

조경순(2005), 「현대 국어 세 자리 서술어 연구」, 전남대학교 박사학위논문.

최지영(2018), 「재중 한국인 고등학생의 어휘크기와 깊이」, 『이중언어학』 73권, 이중언어학회, 395~428쪽.

최지영(2021), 「중국인 대학원생의 한국어 학술 보고서에서 나타난 동족어 사용 양상 연구」, 『문화와 융합』 43권 7호, 한국문화융합학회, 351~368쪽.

최지영(2021), 「외국인 대학원생의 학술적 언어사용역 인식 양상 연구」, 『한국어교육』 32권 4호, 국제한국어교육학회, 357~382쪽.